身边的商学院

8堂商业逻辑必修课

BUSINESS SCHOOL IN YOUR POCKET

8 Core Courses of The Business Logic

李明志　高旭东
吴维库　徐　中
王雪莉　肖　星
姜旭平　杨　述　——著

机械工业出版社
China Machine Press

图书在版编目（CIP）数据

身边的商学院：8堂商业逻辑必修课/姜旭平等著. —北京：机械工业出版社，2022.10
ISBN 978-7-111-71850-5

I. ①身… II. ①姜… III. ①商业经营 IV. ①F713

中国版本图书馆CIP数据核字（2022）第195322号

身边的商学院：8堂商业逻辑必修课

出版发行：机械工业出版社（北京市西城区百万庄大街22号　邮政编码：100037）	
责任编辑：华　蕾	责任校对：史静怡　李　婷
印　　刷：保定市中画美凯印刷有限公司	版　次：2023年1月第1版第1次印刷
开　　本：170mm×230mm　1/16	印　张：15.25
书　　号：ISBN 978-7-111-71850-5	定　价：79.00元

客服电话：（010）88361066　68326294

版权所有·侵权必究
封底无防伪标均为盗版

> 序 言
> Preface

与名师同行，与大道同在

进入 21 世纪 20 年代，世界加速剧变，新冠病毒感染疫情、俄乌冲突、全球经济震荡、极端天气等"黑天鹅"和"灰犀牛"事件接踵而至、多重叠加。与此同时，人工智能、元宇宙、新能源和生物技术等高歌猛进，这不仅给大企业，也给广大职场人士和创新创业者带来了前所未有的颠覆性挑战与机遇。未来的职场，唯一不变的核心竞争力是自学力！

2016 年，变革大师、哈佛商学院教授约翰·P. 科特在《变革加速器》一书的开篇写道："我们正在穿越一条边界，进入一个充满难以预测的混乱和指数级变化的世界，我们对此尚未做好准备。"美团创始人王兴说："传统行业创业好比登山，互联网创业好比冲浪。山总是在那里的，你准备好了就去登，永远有机会，登多高取决于实力；而浪是一个接着一个的，你只要踩上一个浪，保持住，它的高度就决定了你的高度，谷歌、脸书都是这样。"

面对日益 VUCA（不稳定、不确定、复杂、模糊）的商业环境，为充分发挥在线教育的优势，帮助更多组织的管理者更好地掌握企业管理的核心要领，更好地与 VUCA 的商业环境共舞，2017 年，学堂在线中国创业学院频道策划了"商业逻辑 12 讲"系列在线课程，邀请多位清华大学经济管理学院 MBA 课程主讲教授领衔录制了 12 门各 90 分钟的在线课程，简明扼要地讲清楚每一门课程的核心逻辑，帮助学员建立新时代的国际视野，学习系统的商业知识，掌握现代的管理语言，培养科学的管理思维，善用高效的管理工具，成为胜任的经理人员。这套课程赢得了众多优秀企业和创业者、经理人的认可，迅速成为最受欢迎的工商管理在线课程之一。有数万名经理人员进行了在线学习，更有中国移动、中国建设银行、中国银行、正泰集团、快手、云学堂等数百家企业、平台使用这套课程做内训。

为了让更多的管理者接触到这套简明扼要的精品课程，以出版管理大师德鲁克、拉姆·查兰等的著作享誉业界的机械工业出版社与学堂在线联合策划了这本《身边的商学院：8 堂商业逻辑必修课》。这项工作也得到了各位课程主讲老师的大力支持，并在之前视频课程文字的基础上进行了较大幅度的调整和完善，使内容的可读性、逻辑性和时效性更强。在本次结集成册的过程中，出版社综合考虑多个因素，选择了其中的 8 门课，包括：经济学思维（李明志）、管理思维（高旭东）、领导能力（吴维库）、管理沟通（徐中）、人力资源管理（王雪莉）、财务（肖星）、营销（姜旭平）、项目管理（杨述）。在此，我们也对前期参与"商业逻辑 12 讲"的金占明老师、陈劲老师、朱岩老师和沈拓老师表示衷心的感谢！

在本书的出版过程中，吴维库教授于 2022 年 2 月不幸病逝，他那充满睿智和幽默风趣的授课影响了很多人，他对本课程的录制和本书的出版付出了很多心血，希望本书的出版可以延续他未竟的事业，也表达对他的深切哀思。

此外，我代表全体作者感谢学堂在线平台和有关同事的信任与大力支持，特别感谢机械工业出版社的王磊总、许若茜编辑在选题与编辑过程中付出的大量努力，克服重重困难，使得本书得以出版。

2022年9月初，我们清华大学经济管理学院MBA97-F班同学在线举办了一个庆祝入学25周年的活动，陈章武、金占明、宁向东、宋学宝、肖星和王雪莉六位教授与50余位同学参加，大家在回首激情燃烧的MBA脱产学习时光时，都特别感激各位老师的悉心关爱与精心教导，都深感在清华"与名师同行，与大道同在"，深感老师们如春风化雨般引导大家成长、成熟。

回顾我为何选择攻读清华MBA，其中一个因素是1996年时任国务院副总理的朱镕基同志在管理科学学科战略研讨会上做的题为"管理科学　兴国之道"的讲话，让在国有大型企业股份制改革一线苦苦思索的我深切认识到了"科学管理"的极端重要性，认识到了尽快系统学习先进的工商管理知识的紧迫性。

如今，虽然中国MBA教育已经发展了31年（始于1991年），但据有关机构统计，目前全国仅有278所高校开设MBA项目，2021年全国MBA高校录取总人数仅约5万人。根据国际高等商学院协会（AACSB）统计，2020～2021学年，美国线上线下各类MBA项目录取的学生总数超过15万人。可见，人口数约四倍于美国的中国在工商管理教育方面还有十分巨大的市场潜力。

本书非常适合创业者、MBA学员、经理人和相关专业学生学习，也适合企业组织各层级经理人员集体学习。结合在线课程，认真学习本书可以更好地培养经理人的商业思维，掌握管理的基本逻辑、知识要点和实用方法。希望本书可以帮助更多有志于提升管理水平的经理人和学生！

管理是一种职业，亦是一门专业，祝愿你成为一名专业的职业经理人，祝愿你所在的企业拥有一支真正专业的职业经理人队伍！

徐中　博士
"商业逻辑12讲"在线课程策划人
北京智学明德国际领导力中心创始人
2022年9月

序言

第 1 课　经济学思维（李明志）　　　　　　　　　1

　　1.1　认识经济学　　　　　　　　　　　　　　2
　　1.2　市场与"看不见的手"　　　　　　　　　　5
　　1.3　需求与供给　　　　　　　　　　　　　　13
　　1.4　博弈思维　　　　　　　　　　　　　　　19
　　1.5　信息不对称与机制设计　　　　　　　　　22
　　小结　　　　　　　　　　　　　　　　　　　24

第 2 课　管理思维（高旭东）　　　　　　　　　25

　　2.1　如何培养管理思维　　　　　　　　　　　26
　　2.2　企业竞争优势的来源　　　　　　　　　　28
　　2.3　企业能力的培养　　　　　　　　　　　　32
　　2.4　大企业与小企业（初创企业）的管理差异　38
　　2.5　创新与变革　　　　　　　　　　　　　　42
　　小结　　　　　　　　　　　　　　　　　　　52

第 3 课　领导能力（吴维库）　　　　　　　　55

- 3.1　领导能力五力模型　　　56
- 3.2　领导力　　　61
- 3.3　影响力　　　70
- 3.4　平衡力　　　73
- 3.5　执行力　　　75
- 3.6　追随力　　　77
- 3.7　领导者核心能力七力模型　　　80
- 小结　　　81

第 4 课　管理沟通（徐中）　　　　　　　　83

- 4.1　管理就是沟通　　　84
- 4.2　管理沟通的五大要素　　　89
- 4.3　管理沟通的四项基本原则　　　98
- 4.4　管理沟通中的"说、听、读、写"　　　102
- 小结　　　115

第 5 课　人力资源管理（王雪莉）　　　　　　　　117

- 5.1　认识人力资源管理　　　118
- 5.2　招聘　　　132
- 5.3　绩效管理　　　135
- 5.4　薪酬福利　　　140
- 5.5　认可与奖励　　　143
- 5.6　职业发展　　　144
- 5.7　当下的挑战和新变化　　　145
- 小结　　　150

第 6 课　财务（肖星）　　　　　　　　　　151

6.1　财务人眼里的企业　　　　　152
6.2　资产负债表让你看懂企业　　153
6.3　利润表与企业盈利能力　　　159
6.4　企业盈利的秘密　　　　　　163
6.5　行业与战略：向谁要盈利　　168
小结　　　　　　　　　　　　　178

第 7 课　营销（姜旭平）　　　　　　　　　　181

7.1　认识营销　　　　　　　　　182
7.2　常见的营销方式　　　　　　184
7.3　客户是营销的核心　　　　　198
7.4　所有的营销都是营销人性　　201
小结　　　　　　　　　　　　　204

第 8 课　项目管理（杨述）　　　　　　　　　207

8.1　以项目管理打破管理孤岛　　208
8.2　组织级项目管理　　　　　　212
8.3　项目进度管控　　　　　　　219
8.4　项目开发模式选择　　　　　223
8.5　项目相关方管理　　　　　　229
小结　　　　　　　　　　　　　233

1

第1课

经济学思维

为什么我们需要具备经济学思维？这是学习经济学时首先要探讨的问题。

在企业中，拥有一定资源支配权力的人都是管理者。不一定非得像马化腾、雷军这样掌控庞大商业帝国的大企业家才算管理者，也不是 CEO 或企业高管才称得上管理者。事实上，家庭中负责柴米油盐采买等开支的决策者也可以被称为管理者。总之，有权决定资源配置的决策者就是管理者。

传统的经济学主要研究如何合理配置有限资源的问题。因为资源总是有限的，管理者在实际做决策时就要慎重考虑哪些事情能做，哪些事情不能做，这正是管理者的职责所在，而掌握经济学思维，可以更好地进行决策，配置资源。

——李明志

（清华大学经济管理学院副教授）

1.1 认识经济学

1.1.1 经济学的两大分支

经济学思维可以从两个角度来把握，即经济学的两大分支：微观经济学和宏观经济学。

微观经济学主要研究个体的经济决策，包括针对消费者和企业决策的分析。这里所说的个体主要包括两类：消费者和企业。对消费者而言，微观经济学解决的是在资源有限或者收入有限的情况下选择哪些产品进行消费的问题。对企业而言，微观经济学解决的是在资源有限的情况下生产什么样的产品以及在哪些市场中出售产品等问题。当然，微观经济学还包含对市场进行分析。由此可见，微观经济学与企业的经营管理息息相关。

宏观经济学主要分析经济决策的大环境和背景，涉及国内生产总值（GDP）、失业率、通货膨胀率、汇率等。管理者了解并懂得分析宏观经济环境是十分必要的，比如，中美贸易摩擦会对很多企业（特别是外贸企业）产生影响——一旦被征收惩罚性关税，企业的经营就会变得非常困难。

从宏观经济学角度看问题，就像坐在飞机上看地面，看到的是城市的全景：有人在动，有车在开，房屋分布在什么地方……换言之，看到的是全局；而从微观经济学角度看问题，就像下了飞机后走进某栋房子，走进某家企业，或走进某间商店，看到的是里面各式各样的活动、各式各样的人。

微观经济学是宏观经济学的基础，宏观经济学则是从整体层面来看微观经济活动加总后的效果。学习宏观经济学与微观经济学知识，会使我们对整个经济活动有更为全面的了解。正因为如此，经济学思维是置身商业社会的人群必备的一种思维。

1.1.2 经济学分析方法

经济学是社会科学的一个分支，那么，经济学课程与商学院其他课程（比如营销、战略、人力资源、会计等）相比，有哪些特点？经济学独特的思维方式和语言表达习惯是什么？要弄清楚这些问题，我们先来了解一下经济学分析方法。

在我看来，如果一定要用一个术语来概括经济学分析方法，那就是成本效益分析。很多人对经济学存有偏见，认为经济学就是谈钱、谈利益。从某种意义上来讲，这种批评有一定的道理，因为经济学的"看家本领"就是成本效益分析。通俗地讲，成本效益分析就是在做出选择之前仔细想一想各个决策能给我们带来什么好处，又会产生什么样的成本。

另一个非常重要的经济学分析方法叫作边际分析。有些人认为，经济学分析几乎等同于边际分析，通俗地讲，就是要"向前看一步"。

在学习经济学分析方法时，我们要先明确两个概念：边际成本与沉没成本。边际成本是指每增加一单位的产品所增加的成本。沉没成本是指那些已经发生的、无法再改变的成本，它不应该影响我们当前和未来的经济决策。在决策时，我们需要"向前看一步"，也就是要考虑边际成本而非沉没成本。

简单地讲，经济学分析方法就是成本效益分析与边际分析的综合。如果一个决策带来的边际收益大于执行该决策所产生的边际成本，就应该去做；反之，则不做。这就是最根本的经济学分析方法。

1.1.3 理性人决策

作为社会科学的一门主要学科，经济学在研究和解释人的行为时会做出一些假设，其中最重要的就是理性人假设。理性人的概念和成本效益分析方法是息息相关的：如果某个决策带来的边际收益大于执行该决策所产生的边际成本，某个人就会选择该决策，那么这个人就可以算作理性人。

当然，对于理性人假设，也存有一些争议。有些人在批评别人时会说"这个人太会算计了，简直就是个精致的理性人"，这里的"理性"带有一定的贬义色彩，也算是对理性人假设的委婉批评。实际上，理性人假设中的"理性人"并不等同于自私的人。比如，对于那些全心全意为人民服务的人来说，舍己为人、助人为乐的边际收益（涉及心里的喜悦与满足程度）是超过其付出的成本的——很显然，乐意为人民服务的人并不能算作自私的人。

理性人做决策，是在预期收益与预期成本之间进行权衡，其中值得一提的是"预期"这个概念。之所以要提这个概念，是因为现实生活充满了不确定性，很多事情是我们不能也无法预测的（比如中美贸易摩擦），但我们又不得不做出决策，加上信息不完全，我们只能根据现有的知识和能力对未来做出一个大概的判断。这就是预期。理解预期这个概念是我们理解理性人决策的重要基础。

1.1.4　消费者和生产者

在微观经济学中，最重要的决策者是消费者和生产者。

从微观经济学角度看，消费者的目标是实现消费者剩余最大化。消费者愿意支付的最高价格和实际市场价格之间的差额就是消费者剩余，且不同的人对同一件商品的支付能力和支付意愿是不一样的。消费者总是认为，消费者剩余越大越好。作为消费者，我们的收入是有限的，但为了生存必须购买很多商品和服务，所以我们希望用最小的成本（花最少的钱）实现最大程度的满足。

理性的生产者（企业）追求的则是实现利润最大化。对此，很多人可能会感到困惑——在现实生活中，一些企业似乎并不是以利润最大化为经营目标的。比如，京东有很多年都处于亏损状态，特斯拉、亚马逊、Meta

（Facebook 的母公司）等也曾长期亏损（尽管如此，但它们的股票估值很高）。这个经济学假设是不是错误的？

要想弄明白这个问题，就要思考"长期"和"短期"之间的关系。我认为，上面所说的实际上并无矛盾，那些"不赚钱"的企业之所以有很高的股票估值，是因为人们对它们未来盈利的期望很高。事实上，从长期来看，利润最大化才是所有理性企业的最终目标。

以上是经济学中几个非常重要的概念。成本效益分析、边际分析、理性人和预期等概念是整个经济学大厦的重要支柱。

1.2 市场与"看不见的手"

1.2.1 四种市场类型

经济学是一门研究资源配置的学科，而资源配置模式大体可分为两种：计划经济模式和市场经济模式。在计划经济模式中，资源配置按照计划来进行，而市场经济模式则用价格来调节资源配置。

市场经济模式的本质是价格调节机制。在正常情况下，市场会以它内在的机制维持其健康运行。其中主要依据的是市场经济活动中的经济人理性原则，以及由经济人理性原则支配的理性选择。这些选择逐步形成了市场经济中的价格机制、供求机制和竞争机制。这些机制就像一只看不见的手，在冥冥之中支配着每个人，自觉地按照市场规律行事。

在价格调节机制下，一个值得关注的问题是决策者能对价格产生多大的影响力。如图 1-1 所示，根据影响力的不同，经济学将市场分成四种主要类型：完全竞争市场、完全垄断市场、垄断竞争市场和寡头市场。

完全竞争市场是一种极端的市场类型。在完全竞争市场中，有成千上万的生产者和消费者，各个生产者生产的产品没有显著的差异，可以相互替代。在此类市场中，信息很充分，生产者和消费者进入或退出市场都很容易，没有障碍。

图 1-1 四种市场类型

与之相对应的另一种极端的市场类型是完全垄断市场。在完全垄断市场中，某种产品只由一个生产者提供，消费者毫无选择余地。完全垄断市场并不多见，基本上与政府控制有关。比如，针对某市场，政府授予某企业独家特许经营权，那么该市场就是完全垄断市场，该企业就是完全垄断企业。

提及垄断，不得不提及自然垄断行业——某些行业的成本结构决定了行业中不可能存在充分的竞争，只有一家企业提供产品时行业才最有效率。比如，城市供水、供电行业就属于自然垄断行业，此外，电信行业也有自然垄断的特点。在我国，资源配置尽量要由市场来发挥作用，只有两大类行业要由政府来主导资源配置：一是关系国计民生的特殊行业，二是自然垄断行业。

在现实生活中，多数市场类型是介于完全竞争市场和完全垄断市场之间的，它们可大致分为垄断竞争市场和寡头市场。

垄断竞争市场接近完全竞争市场，它与完全竞争市场的区别在于，不同生产者生产的产品有一定的差异。比如，街头餐馆提供的食物是不完全一样的，它们可能在口味、服务态度、店面大小、店面风格方面有所差异，但通常替代性很强，如果只是为了填饱肚子，人们可以任选其中一家。再比如，我们在淘宝网上搜索一个小物件，可能发现有很多卖家的产品大致一样，但它们的店铺评分不同，产品介绍不同，所在地、送货速度、运费也都不同。简而言之，垄断竞争市场接近完全竞争市场，但其产品存在一定的差异化。

寡头市场也是一种比较常见的市场类型，又叫寡头竞争市场或寡头垄断市场。在这类市场中，某种产品由几家大企业提供，这些企业之间的竞争很激烈，京东、淘宝和拼多多的竞争，支付宝和微信支付的竞争，抖音和快手的竞争，街头不同颜色共享单车的竞争，都是寡头竞争的典型案例。

以上就是四种主要的市场类型，在不同的市场中，企业能做的事情是不一样的。

在完全竞争市场中，因为产品相互可替代，市场会形成一个"统一价格"，每个企业只是这个价格的接受者，没有自主定价的能力。在这类市场中，企业能做的事情就是在保证产品质量的前提下尽量控制成本，成本高的企业会被市场淘汰，而成本低的企业可以存活下来。

在完全垄断市场中，由于产品是独家提供的，完全垄断企业可以有两种经营决策：以较高的价格出售较少的产品，或以较低的价格出售较多的产品。针对此类市场，政府要考虑如何监管、如何限制定价等问题。

在另外两类市场中，企业需要考虑竞争因素。比如，在垄断竞争市场中，企业需要考虑如何使自己的产品与竞争者提供的产品体现出差异；在寡头市场中，企业需要基于博弈论分析寡头企业间的竞争策略。

将现实中的市场大致分为上述四种类型后，我们就可以对号入座、有章可循地分析市场中的问题，而不至于混乱。

当然，以上四种基本类型不能涵盖所有的市场类型，但我们通常能借其中的两种来对其他市场类型加以描述。比如，有的市场里有一个龙头企业，紧随其后的是大量的小企业，这样的市场可以看作完全垄断市场与垄断竞争市场的混合。囿于篇幅，这里不做详细介绍，有兴趣的读者可以自己学习。

1.2.2 价格

无论在哪类市场中，企业的定价能力都是决定其市场力量的核心因素。谈到价格，我们首先要区别绝对价格和相对价格。

当我们谈论通货膨胀、物价上涨时，指的是产品的绝对价格。比如，新闻报道中所说的"今年的 CPI 比去年增长了 2%"，指的就是绝对价格的增长。

与之相比，相对价格对于企业和消费者的决策更为重要。比如，消费者在购买商品时，会比较不同商品的价格，最终选择符合自己预期的商品。在市场竞争中，价格是非常重要的因素，企业可以根据竞争对手的定价水平来决定自身的价格策略：采用同等的水平定价，或者采用更低的或更高的水平定价。

从成本角度考虑，相对价格对企业和消费者的决策而言也是非常重要的因素。比如，2018 年 6 月，富士康创始人郭台铭表示，公司可以在 5 年内用机器人取代 80% 的直接作业员，如果 5 年内做不到的话，10 年内一定能做到。当前，我国老龄化趋势愈加明显，年轻人越来越少，劳动力价格不断上升，而技术的进步使得机器人的价格不断下降，或许终有一天，使用机器人的成本会低于雇用员工的成本，企业为节省成本会更多地使用机器人作业。这就是相对价格从成本角度影响企业决策的一个例子。

综上，企业做决策时，既要考虑绝对价格，也要考虑相对价格。

1.2.3 定价的逻辑

正因为价格在市场上发挥着巨大的作用，所以，对任何一家企业而言，定价都是至关重要的。企业生产并销售产品后能够获得多少利润，与产品的价格直接相关。定价既是一门科学，又是一门艺术。

定价的方法主要有两类：一类是成本加成定价法，另一类是差异化定价法。

企业在生产产品过程中，耗费的原材料、人工劳力以及机器折旧费用等加总起来，就构成了产品的成本。企业的定价（对外的报价）是以成本为基础，加上一定的预期利润：

$$定价 = 成本 + 预期利润$$

比如，企业 A 希望某产品的回报率（加成率）是 10%，那么它在相关成本的基础上加 10% 就可以得到产物的定价，加上的这部分回报率就是企业的预期利润。这种方法在现实中应用较多，最典型的就是超市中货物的定价：在货物进价的基础上加上预期利润（回报率），即可得到零售价。

在采用成本加成定价法时，企业需要考虑加多少合适。企业当然希望加的利润越多越好，但加太多，产品销量就会减少，反而会影响企业的最终收入，所以，企业需要对加成数额进行权衡。

消费者对于价格的敏感程度，可以用价格弹性来表示。如果价格弹性较小，表明消费者对价格变动的敏感程度较小，企业就可以提高定价；反之，如果价格弹性较大，意味着价格稍微上涨一点，消费者可能就无法接受了，会拒绝购买（换言之，企业提价后商品销量会大幅下降）。

替代品的多寡也会影响价格弹性。如果一件商品的替代品很多，意味着这件商品的价格弹性很大，企业能加价的空间就很小。比如，矿泉水生产商的定价能力都比较弱，能加价的空间较小，因为这个领域有太多替代品，加价很可能导致消费者流失。还有一些商品，替代品很少，却是消费者所必需的，对于这些商品，企业加价的空间就会很大。最典型的例子就是治疗癌症等重症的特种药品，它们大多没有替代品，因此，药企加价的空间较大。换言之，人们一旦罹患相关病症，就不得不购买这些特种药品，它们的价格弹性很小，甚至为零。所以，产品定价的空间大小主要取决于价格弹性的大小，而价格弹性的大小又取决于替代品的多寡。

成本加成定价法的优点在于简单、易操作，但其弊端在于没有考虑到消费者支付意愿的差异。我们在介绍消费者剩余概念时提到过，不同的人对同一件商品的支付能力和支付意愿是不一样的。很显然，成本加成定价法没有考虑到这一点。

除了采用成本加成定价法，企业还可以针对不同的消费人群制定不同的价格，这就是差异化定价法——一般指价格歧视。按照不同的差异化标准，价格歧视分为一级价格歧视、二级价格歧视、三级价格歧视等。

一级价格歧视又被称为完全价格歧视，是指企业向所有消费者收取的货款都是他们愿意支付的最高价格。这是一种近乎完美的状况，用经济学术语来说，就是消费者剩余等于零（换言之，企业获取了消费者全部的支付意愿）。当然，一级价格歧视在现实中是难以实现的，因为企业不可能询问每位消费者心里的价格是多少。支付意愿属于消费者隐私，企业很难直接取得这一数据。

消费者愿意支付的最高价格在一些特定情况下会有所显露。比如，在政府或企业拍卖某种资源，或者拍卖行拍卖艺术品时，竞拍人可以自由竞价，最后标的肯定是被出价最高的人买走——这个最高价格超越了没有举牌的竞拍人愿意支付的最高价格。

事实上，我们日常购物时的讨价还价也涉及一级价格歧视：我们去小商贩那里买东西时，通常看不到明码标价，对方会报给我们一个价格，经过几轮讨价还价后，如果我们假装对价格不满意而转身离开，对方很可能会主动提出降价。小商贩这么做其实就是想知道我们愿意支付的最高价格是多少，所以，对于同一件商品，不同的人成交的价格是不一样的。

实施一级价格歧视的难点在于消费者太多，企业难以获悉他们全部的支付意愿。当无法获取这些"完美信息"时，企业可以退而求其次，采用二级价格歧视。

二级价格歧视与需求曲线密切相关。比如，在刚接触某种商品时，人们希望少量地购买，此时，人们的支付意愿是偏高的；如果购买量很大，人们愿意支付的单位价格就会降低。简而言之，二级价格歧视利用的是数量折扣：买得多，折扣就多，单价就低；买得少，折扣就少，单价就高。虽然二级价格歧视看起来比较"粗糙"，不能做到像一级价格歧视那样完美，但也能帮助企业提高利润。

在现实中，更多的企业采用的是三级价格歧视，即把市场按照不同的标准分开，对不同类别的消费者收取不同的价格。比如，某款汽车在不同的城市售价不同，因为不同城市的收入水平不一样，人们的支付意愿也不一样。汽车销售厂商就是利用这一点，实施差别定价，进而提高利润。再比如，公园等场所通常将门票分为学生票、成人票、老年人票，并分别设定票价，这也属于三级价格歧视。三级价格歧视最重要的前提是能够把市场细分（即把消费者分组）。

除了以上三类价格歧视外，还存在其他类型的价格歧视。比如，我们在旅游网站上订机票时常常会发现不同价位的机票有不同的使用条件：价格高的机票退票或改签没有太多限制条件，有时会扣除很低的手续费；价格低的机票退票或改签的限制条件比较多，手续费也较高，甚至超过一定的时间后就不能退票或改签了。这样的规则设定，实际上达到了将"同一张票"以不同的价格卖给不同的人的效果，也属于价格歧视的做法。

还有一种价格歧视被称为跨时间的价格歧视，是指同一件商品在不同的时间段内价格不同。比如，一部热门电影刚上映时，电影院往往会把票价定得较高，而当这部电影即将下映时，电影院会推出一些"特价场次"，从而尽可能多地赚取利润。

高峰定价也属于跨时间的价格歧视。比如，夏天用电高峰时的电价会上涨，这样做一方面是想促使对电价敏感的人少使用或不使用大功率电器，从而减轻线路压力；另一方面是因为在此时段内多发一度电的增量成本较高（边际成本较高）。

定价有多种策略，上述内容仅重点介绍了一些策略背后的经济学逻辑，事实上，营销学中还有更多具体的定价策略，它们或多或少和经济学中的定价思维有关联，或者可以说，经济学蕴含了营销学定价策略的理论基础。

1.2.4 市场力量的来源

企业之所以追求更好的定价策略，是为了获得市场力量，也就是影响产品市场价格的能力。在经济学中，市场力量、垄断势力与垄断力量这几个概念指代的都是这种能力，因为垄断势力听起来多少有一些贬义色彩，所以我们一般使用比较中性的说法——市场力量。

从经济学角度来说，市场力量的来源主要有三个方面：成本优势、政府授权、独有的技术或资源。

成本优势是指企业的产品依靠低成本获得高于同行业其他企业的盈利能力。

政府授权是指政府规定某种产品或服务只能由某个或某几个企业提供，比如政府向特定企业发放《支付业务许可证》。

独有的技术或资源之所以能带来市场力量，是因为拥有独特的技术或资源，企业就可以对潜在竞争者形成排他性壁垒。比如，某种产品的生产需要依赖企业长期投资与研发所积累的专利，这些专利就是企业的稀缺资源，它们可以奠定企业的先行者优势，其他竞争者很难对企业构成威胁。

以搜索引擎为例。谷歌和百度基于独特的算法推出了自家的搜索引擎，随着用户人数像滚雪球一样积累，它们根据大量的客户体验反馈（大数据）不断调整算法的准确性，进一步提升用户体验，从而吸引更多的用户使用它们的搜索引擎。如此循环往复，它们积累的技术优势越来越大，后来者很难超越它们。

再以电子支付为例。支付宝在我国运用较早，它解决了电子商务平台上有关支付需求的关键瓶颈问题。其实，在电子商务刚出现时，很多人都认为电子支付很难发展起来。大约在2000年，我给企业家上课时，很多人都表示电子商务在中国发展存在很多问题，其中一个最重要的问题就是支付技术不成熟。那时，人们基本上使用现金支付，使用信用卡和支票支付的少之又少。阿里巴巴推出的支付宝有效地解决了电子商务中最大的支付技术瓶颈。时至今日，支付宝仍在不断完善、推陈出新，比如推出了与民生相关的城市服务功能，功能越来越强大。正是因为拥有独有的技术或资源，支付宝赢得了市场力量。

由此可见，企业需要开发出独有的技术或资源，并且持续地进行创新，不断更新产品和服务，才能长久地维持利润。我国一直鼓励和强调创新，原因也在于此。

1.3 需求与供给

1.3.1 需求

在竞争性较强的竞争性市场中，买家和卖家的数量都很多，大家同在一个市场中竞争。竞争性市场在现实生活中屡见不鲜，比如，通过电商平台销售农产品的各个卖家构成了典型的竞争性市场，竞争激烈的各种培训机构同样构成了典型的竞争性市场。要想分析竞争性市场的特点，了解最终价格是如何确定的，就需要引入需求和供给这两个最基本的概念。

我们先来了解一下什么是需求。

近几年，我国经济的结构性分化趋于明显，为了改善现状，政府实施了"供给侧结构性改革"，即通过调整供给侧来调整经济结构。从经济学角度来看，价格是由买卖双方共同决定的，即买卖双方都认可的价格才是最终价格，所以，"供给侧结构性改革"也需要考虑需求方的变动情况。

要对需求方进行分析，先要了解两个概念：需求量和需求曲线（或者需求函数）。

需求量是指，在一段时间内，市场中的消费者愿意并且能够购买的某种商品的数量。以房地产市场为例，北京五环路以内的房屋需求量是指在某个时间段内（比如 1 个月内或者 1 年内），潜在购房者愿意购买的房屋总平方米数。

相应地，需求曲线展现了商品价格与需求量之间的关系。简单来讲，需求量是一个数值（坐标系中的一个点），需求曲线则展现了一个函数关系。如图 1-2 所示，Q_A 和 Q_B 表示的是在价格为 P_A 和 P_B 时的需求量，A、B 两点所在曲线展现了需求量随着价格的变动而变动的规律，这条曲线就是需求曲线（通常用 D 表示）。

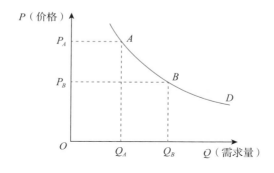

图 1-2　需求曲线

绘制出需求曲线，我们就能知道：当北京五环路以内的平均房价从每平方米 8 万元涨到 10 万元时，潜在购房者的需求量会如何变化；当平均房价从每平方米 8 万元降到 6 万元时，潜在购房者的需求量又会如何变化。

那么，哪些因素会影响需求曲线的变动？图 1-3 列出了影响需求曲线变动的四种因素。

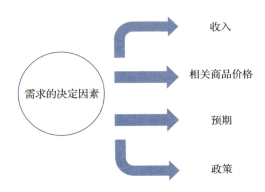

图 1-3　影响需求曲线变动的四种因素

首先是收入。改革开放后，随着人民生活水平的逐步提高，人们对商品的需求也不断增加，希望拥有更好的生活品质。近几年的消费升级更是体现了人们对生活品质的追求。比如，越来越多的国人在闲暇时会选择旅游，这在几十年前人们收入水平普遍较低时几乎是不可想象的。如图 1-4 所示，收入水平的提高使旅游的需求不断增加，需求曲线会向右上方移动。

其次是相关商品价格。还以旅游为例，人们对旅游的需求之所以会快速增长，一方面在于收入水平

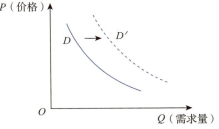

图 1-4　收入水平提高时需求曲线的变动

有所提高，另一方面在于旅游成本有所下降。此外，交通便利性作为旅游行业的重要互补因素，其水平的提升能够显著提高人们对旅游的需求。比如，高铁里程和车站数量的增加会推动人们对旅游的需求增加。

再次是预期。以房地产市场为例，如果人们相信房价在可预期的未来会不断地上涨，他们现在的购买意愿就会更加强烈，从而推动需求曲线不断地向右移动。

最后是政策。比如，在"抢人大战"开始后，一些二三线城市的房价在一段时间内暴涨，其中一个重要原因是这些城市放开了人口政策，放松了落户条件，随着大量人口涌入，对房屋的需求就增加了。

在经济学中，按照消费者收入增加后对某种商品的需求量会增加还是减少，可以将商品分为两类：一种是正常品，即收入增加后，人们购买的欲望也会增强，需求增加；另一种是劣等品，即收入增加后，人们对它的需求反而会下降。

比如，过时的商品可以被视为劣等品。在手机还没有流行时，人们通常使用座机和BP机进行联络，现在人们使用座机进行联络的频率越来越少了，而BP机早已淡出了人们的视线，因此座机和BP机就成了劣等品。再如，味精、蒲扇、收音机等也属于劣等品，这并不是说它们本身的质量不好，而是说在收入水平提高之后，人们会转向更高级的商品，对它们的需求就会下降。

1.3.2　供给

与需求相对应的概念是供给。通俗地讲，供给指的是在一段时间内某市场中的卖家愿意生产出多少商品以供销售。

还是以房地产市场为例，房屋供给量表示的是在一段时间内开发商愿意拿出来售卖的房屋总平方米数。供给量一定与商品本身的价格有关。一般来说，某商品的价格上升后，愿意提供这个商品的企业会增多，供给量就会增长，如图1-5所示，供给曲线一般用S表示。这就是供给定律，即在其他条件不变的情况下，供给量随着价格的上升而增加，随着价格的下降而减少。与之相应的是需求定律（被誉为经济学第一定律）：商品价格上升，人们愿意购买的数量会减少；商品（吉芬商品⊖例外）价格下降，人

⊖ 所谓吉芬商品（Giffen good），指的是商品的价格在一定幅度内上升时需求量不但不下降，反而增加。吉芬商品在经济学理论上有一定的意义，但在现实生活中很少见到。

们愿意购买的数量会增加。

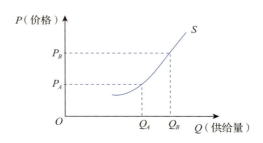

图 1-5 价格上升后供给量会增加

需求定律和供给定律描述的是商品的需求量和供给量随着商品价格变动的变化规律。需求曲线与供给曲线相交处的价格，在经济学中被称为均衡价格，如图 1-6 所示。"均衡"是一种相对稳定的状态，在该价格水平上，市场中的需求量和供应量基本相等。以房地产市场为例，假如一段时间内的房价相对比较平稳，就说明该市场处于一种均衡状态。当环境改变时，需求量和供给量会发生变化，价格会变动，然后形成新的均衡。

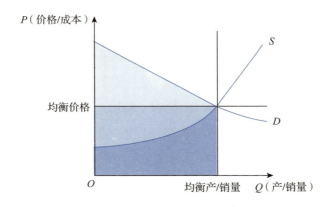

图 1-6 需求曲线与供给曲线相交形成均衡价格

在现实生活中，产品的价格经常波动，从经济学上来分析，原因就在于供给方面或者需求方面发生了改变。比如,"抢人大战"开始后房价上升,是因为政府的政策引起了这些地区房屋需求的增加,从而推动了房价的上涨,当房价涨到一定水平后,又会形成新的均衡。

供给的变化除了与价格有关,与商品的生产成本、技术也有关。如图1-7所示,当商品的生产成本下降时,供给会增加,供给曲线向右移动。技术的进步也会不断推动供给曲线向右移动,比如,手机的供给量越来越多,供给曲线会不断向右移动,原因就在于技术进步和生产成本下降。

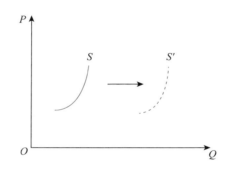

图1-7 生产成本下降或技术进步时供给曲线向右移动

供给和需求两方面的因素共同决定了均衡价格,这些因素的变化会导致两方的曲线变化,从而影响均衡价格。在分析竞争性市场中价格的变动时,一定要注意到底是哪些因素影响了供给,哪些因素影响了需求。当然,做到精准量化不是一件容易的事情,因为这需要很多的信息和数据,还需要通过统计的方法进行估计和推断。

将供给曲线和需求曲线绘制在一张图中即可得到供求模型,它能帮助我们分析竞争性市场中价格变动的趋势。均衡价格是由供求双方决定的,从长远来看,这个价格反映的是成本因素。仍以房地产市场为例:从整体来看,商品房市场类似完全竞争市场,某地区的房价水平通常由很多开发商和潜在购买者决定，开发商报价的基础就是房屋的成本，尤其是土地成本——在很大程度上，房价居高不下是因为土地成本居高不下，房屋成本不降，房价是不会下降的。

此外，我们还能利用供求模型分析一些政策的经济结果。比如，北京市政府针对购买燃油汽车实施摇号政策，针对购买新能源车实施排号政策，从经济学角度来说，这实际上是对市场机制进行干扰。但是，假如北京市政府不对家用车市场加以控制，完全让供求双方决定市场走向，那么北京的家用车市场流通量会非常大。为了避免产生某些社会问题，政府出台了对应的政策去影响市场的均衡状态，当然，政策也会决定谁能够得到商品。在现有价格下，消费者愿意购买的数量大于能够买到的数量，就是短缺的状态。

与短缺相对应的是过剩。有时，为了保护某个市场，政府会规定该市场的最低价格——当市场价格高于均衡价格时，愿意生产产品的生产者会增加，但由于价格较高，实际需求不足，此时就会出现过剩的情况。关于过剩，最典型的例子莫过于政府对农产品市场的保护。如果政府大幅提高明年粮食的收购价格，理性的生产者就会加大投入，以便在明年生产出更多的粮食，而这会使明年的农产品市场中有一定数量无法被消化的"余粮"，对此，政府就要想办法收购储存。

1.4 博弈思维

1.4.1 合作博弈与非合作博弈

博弈思维历史久远，春秋时期成书的《孙子兵法》中就有对博弈思维的深入研究。所谓博弈思维，是一套涉及如何与人进行互动的思维理论，它为我们提供了看待竞争与合作的崭新视角。

我们每天都会接触不同的人，与人接触时，我们常常就是在与对方博弈：在公司中与领导和下属博弈，在家中与家人博弈。博弈思维和前面介绍的其他经济学知识的本质区别在于，博弈思维更加强调互动。

博弈可以分成两大类型：一类是合作博弈，另一类是非合作博弈。

在合作博弈中，博弈双方希望最终通过协商来解决问题，比如达成共识、签订合同等，即得到一个能让双方都满意的双赢结局，而"你赚我就亏，你死我才能活"这类的话，体现的是典型的非合作博弈思维。

不管是合作博弈还是非合作博弈，经济学对其参与者都有两个假设。其一是理性人假设：理性人总会基于权衡成本与收益来做出决策。其二是人都是有策略、有智慧的，因此博弈中的任何一方都不能一厢情愿地想问题，在博弈过程中要站在对方的角度设身处地地考虑问题。后者看起来容易做到，但在现实中很难实现。

1.4.2 纳什均衡

纳什均衡是博弈论中一个非常重要的概念，指的是这样一种状态：博弈中的各方会选择一个对自己来讲最优的策略，当某一方不改变策略时，没有任何一方能通过独自改变策略获益。

纳什均衡的经典例子是商贩选址。两个商贩 A 和 B 都在一条笔直的且客流量均匀分布的街道上卖矿泉水，他们之间是竞争的关系，他们会选址在哪里呢？显然两个商贩分别占据街道的两个入口处是不稳定的结果，如果其中的一个商贩向街道里边移动的话，就会有更多的销量。如果这两个商贩将摊位分别设置在街道的 1/4 和 3/4 处呢？虽然看起来这样做可以使二者平分客流量，但是这种平分状态非常不稳定，很容易被打破。比如，为了增加销售，其中一个商贩通常会偷偷将摊位向对方移近一些，而对方发现后，也会采取同样的行动。换言之，A 和 B 会渐渐地向街道中间点靠拢，最终二者都会在中间点摆摊，这就是这场非合作博弈的唯一稳定结果（即纳什均衡点）。

纳什均衡还有一个更著名的例子叫囚徒困境，如图1-8所示。两个犯罪嫌疑人被抓后被分开关押，如果双方都不招认，那么因为证据不足，双方会被各判刑1年；如果其中一方招认而另一方不招认，那么招认的一方无罪释放，不招认的一方会被判刑10年；如果双方都招认，那么双方均会被判刑8年。如果这两个犯罪嫌疑人能够协商的话，必然会同意两人都不招认要比都招认的结果好。但是，这个例子的纳什均衡点是双方都招认：对这两个犯罪嫌疑人来说，不管另一方是否招认，自己不招认的结果都比招认要差。这种博弈之所以被称为囚徒困境，就是因为博弈双方会陷入尴尬的境地：每个人都选择了对自己最有利的选项，最后的结果却是大家得到了最差的结果。

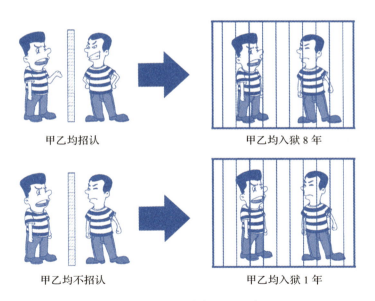

图1-8 囚徒困境中的两种情形

囚徒困境还会出现在价格战中。比如，企业A和B生产同样的产品，如果A维持较高的定价，那么B将价格降至其下就能占领整个市场，从而赚取更多的利润。但是，如果 B 降价，A 很快也会跟进降价，以避免失去市场份额。换言之，竞争双方都有降价的动机。在极端情况下，这种价格战最后达到的纳什均衡点是产品价格降至与生产成本等同，即产品利润率为零。虽然看起来维持较高的定价对 A、B 双方都有好处，但这不符合纳什均衡的条件，不是一种稳定的状态。

博弈还可以分为一次性博弈和重复性博弈，这两种博弈的结果也不一样。以上面的价格战为例，如果 A 和 B 会在一个市场中维持较长时间的竞争关系，它们就拥有重复性博弈关系，相对而言会更容易达成合作，因为它们都知道合作对维持较高的定价有好处。

之所以会产生价格战，原因就在于产品相互之间的替代性太强——无论购买哪个企业的产品，对消费者来说都没有太大区别，所以大家通常会选择价格低的产品。那么，我们应当如何破解价格战这样的囚徒困境呢？关键就是要实现产品的差异化。如果竞争双方生产的是有差异的产品，每个企业都会有特定的客户群，这能在较大程度上避免恶性价格竞争的产生——你能做到的，别人也都能做到，你就很难在市场竞争中取得优势。

1.5 信息不对称与机制设计

1.5.1 信息不对称

信息不对称现象在现实生活中比比皆是，比如，我们在做决策时，经常会感到缺少可以辅助判断的信息。而且，信息不对称往往是相互的，即交易双方知道的信息是不完全一样的。

购买商品时，卖方会知道商品是真是假，质量是好是坏，但买方不一定知道，这就是一种信息不对称现象。企业管理中也存在信息不对称：给下属布置一项任务后，管理者无法观测和衡量对方是不是偷懒了，是不是真出力了，有没有以权谋私等。

利用信息不对称的行为可以分为两大类：隐藏信息和隐藏行动。隐藏信息指的是由于双方掌握信息的程度不一样，信息优势方对信息劣势方采取了蓄意隐藏信息的行动。隐藏行动指的是一方做的事情不让对方看到，也不让对方知晓。

这两类利用信息不对称的行为会导致不同的问题，即逆向选择问题和道德风险问题。

逆向选择问题，通俗地说就是"坏的越来越多，好的越来越少"，也即"逆淘汰""劣币驱逐良币"。以二手车交易市场为例，卖方非常清楚车辆的相关信息（比如开过几年，有没有修过，存在哪些问题），在与买方交易的过程中，卖方很容易将这些重要的"不利信息"隐藏起来。在这种情况下，买方也知道自己处于明显的信息弱势地位，无法区分车质量的好坏，只能靠运气来选择，而卖车的人不愿将质量好的车放到市场上去卖，这会使那些质量低于平均水平的车充斥整个市场。久而久之，买方会丧失对这个市场的信心。

电商平台也存在此类问题。如果电商平台上假货很多，而电商平台不愿意负起责任，那么不仅电商平台有可能垮掉，电商的整体业态发展也有可能受阻。

以上都是很有现实意义的例子，值得我们深思。

常见的道德风险问题是委托代理问题，即委托人就约定事项对代理人进行委托，如果代理人瞒着委托人做出了一些有损委托人利益的事，极有可能导致委托人处于劣势或失败。比如，企业委派推销员推销产品，但推销员并不尽心尽力，结果是销售业绩未实现最优，最终影响了企业利润。企业的职业经理人等忽视集体利益，做出以权谋私、贪污腐败等行为也会产生道德风险问题。

1.5.2 机制设计

信息不对称带来的逆向选择问题和道德风险问题可以通过机制设计来解决，为此，我们需要掌握激励相容原理。

之所以会出现由于逆向选择和道德风险而导致的失败，原因在于委托人和代理人的目标是不一致的。比如，公司的所有者（股东）和经营者（管理层成员）的目标并不一致，所有者总是希望公司利润越高越好，因为利润越高，公司的价值就越大，所有者从中获得的好处就越大。但除了为公司增加利润外，经营者还有自己的小目标，比如拥有更舒适的生活、更高的薪资。为了获得近在眼前的小利益，经营者很可能会放弃事关公司整体的大利益。

为了解决这类问题，我们需要设计一套激励机制，让公司的所有者和经营者的目标尽可能一致。比如，有些公司为了解决这类问题，面向经营者推出了股票期权激励计划，期权收益与公司价值直接相关。经营者兢兢业业地提升公司价值，可以使自己获得更高的期权收益，而公司所有者的利益也能得到保障。这体现的正是激励相容原理。

小　　结

通过本课的介绍，我们了解了作为一名在商业社会摸爬滚打的人士需要具备的基础经济学思维：

首先，了解市场，了解定价的逻辑，了解供求背后的影响因素，可以使我们对企业的经营发展有更深刻的理解。

其次，了解博弈思维以及信息不对称等经济学理论并进行应用，可以使我们在职业发展中更加游刃有余。

经济学思维不仅可以用在经营管理中，也可以灵活地用在生活中，帮助我们更好地做出判断和决策，实现思维的飞跃和价值的最大化。

2
第 2 课

管理思维

为什么要学习管理思维？在我看来，管理思维最重要的作用是可以帮助我们提高思考问题的科学性和有效性。

在现实生活中，很多人在思考问题时会比较随意、片面，对问题本身的探究始终停留在比较浅的层次上面。比如，我曾经和 MBA 学生聊天，问他们："为什么中石油、中国移动的利润那么高？"一位同学说："因为它们是国企。"另一位同学说："因为它们近似垄断。"我开玩笑地回复他们："这样的答案有点太简单了。如果我到大街上问一位出租车司机师傅这个问题，他可以给我同样的答案，甚至更准确的答案。你们是不是应该有更深层次的思考？"同学们之所以会给出这样的答案，很大程度上是因为耳濡目染、人云亦云，但是自己没有去做更深入的分析和思考。

无论身处什么位置，学习管理思维都是很有必要的。通过学习管理思维，我们可以提升思维能力，特别是理论思维能力，从而避免思考问题时的简单化（过于依赖个人经验、人云亦云等）。下面，请跟随我的文字，看看如何用管理思维去更深入地分析我们所面对的各种问题。

——高旭东
（清华大学经济管理学院教授）

2.1 如何培养管理思维

2.1.1 管理思维的四大主题

管理思维涉及的内容非常广泛，因为企业管理本身就涉及方方面面，比如制定发展战略、管理人力资源、制订营销方案等。在这一章中，我们重点进行以下四个方面的探讨。

- 企业竞争优势的来源
- 企业能力的培养
- 大企业与小企业管理的差异
- 创新与变革

第一个主题是企业竞争优势的来源。之所以将其列为第一个探讨的主题，是因为无法认清竞争优势的来源，企业管理的方向就很难明晰。

第二个主题是企业能力的培养，涉及技术能力、管理能力等。这些能力达到较高水平是一个企业取得竞争优势的基本前提。

第三个主题是大企业与小企业管理的差异，探讨的是如何对不同性质的企业进行管理。事实上，管理大企业与小企业（尤其是初创企业）需要不同的思维方法，需要"量体裁衣"。

第四个主题是创新与变革，这是很多人都关注的话题。但是，值得注意的是，很多企业在实践中对创新与变革的认知存在误区，这些误区往往会阻碍企业的发展。同时，我将以技术创新为案例，阐述如何通过流程、工具和方法促进创新。虽然很多人都认同这三者对管理、创新的重要性，但并不是很清楚如何对这三者进行运用，从而使其适配自己企业的业务。除此之外，我还将对人、创新创业精神、体制机制三者之间的关系进行探讨。

沿着这样的脉络进行学习，我们的管理思维将一步步得到完善，最后变得体系化。

2.1.2 学习管理思维的三个原则

在学习管理思维的过程中，我们应遵循以下三个原则。

原则一：思想不要僵化，要听得进去新东西。

有时候，我们的感觉可能存在很大的问题。先问一个问题：从1960年到1980年，在长达20年的时间里，日本市场上卖出的所有轿车中有多少是进口的？我做过很多次实验，向很多人问了这个问题，可是猜对的人极少，而且即使猜对了，可能也没有想过我为什么要让大家回答这个问题，问题背后的逻辑是什么，以及基于什么样的理论与实践经验猜出了答案。

这其实是一个非常简单的问题，只要花一点时间查查资料就可以得到答案——在那20年里，日本市场上卖出的所有轿车中只有不到1%是进口的。请问这个数字和你猜想的一样吗？

得知答案后，那些参与我实验的人都很吃惊。震惊之余，只有极少数人会和我讨论这背后的原因是什么。有人笑称，这是因为日本针对汽车市场实施了"闭关锁国"政策。如果这个原因成立，日本为什么在这样的情况下还能成为当今世界上最大、最强的汽车生产国之一呢？

1985年，麻省理工学院著名学者迈克尔·库苏马诺（Michael Cusumano）写了一本书，名为《日本的汽车工业》(*The Japanese Automobile Industry*)，他在书中对这一现象进行了深入的研究。他得出的一个基本结论是，日本企业以及日本经济之所以能够顺利实现经济赶超，是因为日本在第二次世界大战以后实施了高度保护国内市场的政策。实施这样的政策意味着，所有日本企业都要在国土范围之内奋力争夺市场份额，都要为了生存和发展不懈努力，不断提高自己的技术水平、管理水平等，这极大地促进了日本企业的能力提升，进而促进了日本的经济发展。

在探寻答案时，不要因为别人说了什么，我们就相信什么，一定要开放思维，解放思想，独立思考。

原则二：要深入学习专业知识。

如果我们问一个人："技术创新对企业来讲究竟是机会还是挑战？"得到的回答可能是："既是机会又是挑战，但是要视具体情况去分析。"我们接着问："如何对具体情况进行分析？"面对这样的问题，如果被提问者有专业知识就可以非常轻松地做答。

在麻省理工学院工作多年，后来又到哈佛大学工作的丽贝卡·汉德森教授（Rebecca Henderson）研究技术创新许多年，在她看来，第二个问题的答案要看技术创新的性质：当技术创新的性质是结构性创新的时候（比如产品的主要零部件本身没有太大的变化，但是它们的连接方式发生了根本性的变化），一般是老企业很难取得成功，而新企业更有可能取得成功；当技术创新的性质是渐进式创新的时候，即变革、变化没有"质的飞跃"的时候，往往是老企业较易取得成功，而新企业较难取得成功。

原则三：要从理论到实践，再从实践到理论，循环往复，不断提高认知和能力水平。

我们一定要反反复复地去"印证"自己思考问题的思路、方法以及得出的结论，不能简单地基于已经掌握的理论去得出结论，也不能片面地基于某次实践为企业做出诊断，然后还以为这样得出的结论、诊断便是正确的——要知道，认知的过程是一个不断螺旋上升的过程。

2.2 企业竞争优势的来源

2.2.1 打破认知误区

认清竞争优势的来源，对企业来说是至关重要的。如果不清楚企业竞争优势的来源，企业管理的方向就会非常模糊。

但是，对这个问题，很多人存在着认知误区，常见的误区主要有以下两种。

误区一：领导者是决定因素。

很多人总是认为领导者决定了企业的一切。比如，说到华为，人们马上会想到任正非，认为是他凭自己的雄才大略带领华为走到了今天。这种想法有一定的道理，领导者对企业的发展的确发挥了巨大的影响力，但在华为的发展历程中，还有一些因素至关重要。我们应从领导者、企业战略、人才、外部环境等各个方面进行全方位分析，才能对企业的竞争优势建立更完整的认知。

误区二：运气是决定因素。

有些人往往把企业的成功或者失败归结于好的运气或者坏的运气。改革开放以来，我国涌现出一大批成功企业，很多人认为它们崛起的重要原因是中国这三四十年的经济形势很好，而且无论是国内的需求还是国外的需求都非常强劲。但是，我们要看到，在这三四十年中，也有相当多的企业失败了，其中既有国企，也有民企。对于这些企业，如果仅仅从运气的角度来解释它们的失败，肯定是非常片面的，应该从更多的角度（特别是理论角度）去进行分析。

2.2.2 六种理论

企业的竞争优势究竟是从哪里来的？关于这个问题，多个理论可以帮助我们从不同的角度去思考，比如战略定位理论、资源基础论、资源与竞争阶段匹配论、平台战略理论、钻石模型以及比较优势理论等，其中，前四者关乎企业本身，后两者关乎产业链。

"竞争战略之父"迈克尔·波特（Michael Porter）的战略定位理论告诉

我们，企业一定要选择"正确的行业"，选错了很难有很好的绩效。一个典型的"错的行业"是民用航空业，因为从长远来讲，在这个行业中盈利是非常不容易的。与之相比，制药业可能是一个好的选项，该行业中的企业若能生存下来，一般来讲盈利水平都是比较高的。

麻省理工学院斯隆管理学院教授伯格·沃纳菲尔特（Birger Wernerfelt）提出资源基础论，即一个企业若想取得持久的竞争优势而不是一时的发展，一定要有一些独特的资源和能力。那么，何谓独特？根据战略管理专家杰恩·巴尼（Jay B. Barney）的理论，独特的资源和能力需要具备这样一些特点：一是在公开市场上买不到（即无法通过技术转让、合资等方式获取该资源），二是别人短期内开发不出来或不太容易仿制出来，三是在一定时期内具有不可替代性。具备这些特点的资源和能力才能称得上是独特的，才会给企业带来持续的竞争优势。这个理论可以帮助我们思考一些问题，比如当一个企业有一项非常好的核心技术时，我们可以从这项技术入手去分析这个企业的竞争优势。

另一个非常有用的理论是资源与竞争阶段匹配论。高蔚卿在他2005年出版的《企业竞争战略：资源类型与竞争阶段的匹配》一书中指出，在竞争不激烈的阶段，通用性资源非常重要，而独特性资源没有人们想象的那么重要。相反，在竞争非常激烈的环境中，通用性资源不足以让企业生存，更不用说发展，此时独特性资源的重要性就大大提高。

再一个非常有用的理论是平台战略理论（生态系统理论与之有很多相同之处）。苹果公司是以平台获取竞争优势的典型案例。如果看一下该公司的财务数据，大家会发现，在2005年以前，这家公司可以算得上一个"很糟糕的公司"，销售额、利润率、市值都很低，有的时候会盈利（但是很少），有的时候根本不盈利。那时的苹果公司，从财务的角度来看，肯定不能算一家非常好的公司。但是，2005年以后，苹果公司发生了根本性的变化，它的各项财务指标都出现了大幅度提升。为什么？根据迈克尔·库苏马诺教授的研究，这种变化背后的原因是苹果公司采用了新的战略——平台战略。

苹果是如何实施平台战略的？从 iPod 这个产品开始，用户每下载一首歌曲要付给苹果公司 99 美分，苹果公司将其中的 70 美分交给歌曲的提供商，20 美分交给信用卡公司（信用卡公司帮助苹果公司实现了线上交易），剩下的 9 美分留给自己。从收入的角度（或盈亏平衡的角度）来看，9 美分实在是太少了，但正是这 9 美分让苹果公司真正地成了平台的领导者，这为其后续的业务发展打下了坚实的基础。由此可见，如果企业想通过平台战略来建立竞争优势，就要解决一个核心问题——利益分配：如果你不能让合作伙伴获得充分的利益，是没有人愿意与你合作的。

上面我们从企业层面（微观层面）了解了企业的竞争优势来源，下面，我们来看一看产业层面的相关理论。

根据迈克尔·波特提出的钻石模型，如图 2-1 所示，每个地区的产业发展都会受到六种因素的影响。这一模型可以套用于企业，即企业的竞争优势也会受到六个因素的影响，分别是机会，生产要素，相关及支持产业，政府，需求条件，企业战略、产业结构和竞争。

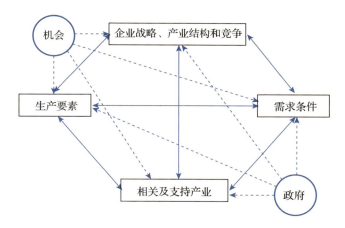

图 2-1　钻石模型

对此，我举两个例子加以说明。第一个例子是关于需求条件因素的。很多日本企业要面对非常苛刻的消费群体——日本民众，他们对产品质量的要求非常高。虽然企业可能并不喜欢这样的消费者，但不得不去面对他们。那么，这种"对决"的最终结果是什么呢？正因为日本民众对产品质量有非常高的要求，日本企业必须不断创新、不断提升产品质量，这使得日本企业拥有了高品质的产品和强劲的竞争力。

第二个例子是关于政府因素的。2018年，中兴通讯受到美国政府的制裁，如果不是中国政府在背后给予强有力的支持，中兴通讯的生存根基可能都会受到动摇。"中兴通讯事件"反映了政府行为对企业运营的影响。

大卫·李嘉图（David Ricardo）提出的比较优势理论认为，不同地区的生产技术存在相对差别，相对成本也由此出现差别，因此每个地区都应该集中生产并出口具有"比较优势"的产品。这一理论同样适用于企业，企业的资源配置应更倾向于具有比较优势的产品，才能得到更好的发展，从而获得竞争优势。

综上，对于企业竞争优势的来源这一问题，我们应从多方面进行考量，光看某一个因素或某一个阶段都是片面的、远远不够的。

2.3 企业能力的培养

2.3.1 自主创新与开放式创新

为什么要探讨企业能力的培养？因为进行能力培养是企业取得竞争优势的基本前提。能力培养涉及很多方面，我们主要探讨的是自主创新与开放式创新、计划内创新与计划外创新。

从2006年中国正式提出自主创新、建设创新型国家以来，我们便走上了一条不太平静甚至可以说非常曲折的路。总体来讲，"在路上"的我们有两种基本倾向。

一种倾向是过于自信,导致过于"内向"和"封闭",体现为对外合作相对较少,对某些行业中的领先企业来说,这一点尤为明显。但是,我们不必对这种倾向过于担心,因为随着竞争的加剧,这种问题会慢慢得到解决。中美贸易摩擦发生后的情况已经印证了这一点。

另一种倾向是过于不自信,这很可能会造成更严重的问题:更多地依赖外部资源,导致我们自己的能力培养不起来,自己的品牌建立不起来。这种问题产生的后续影响可能会持续很久,波及面也非常广。

一个非常典型的例子是中国的轿车产业。从20世纪80年代开始,国内企业主要通过合资方式与国外厂商进行合作,时至今日,我国的轿车产业已经有了长足的发展,比如,轿车的年产量已位居世界首位多年。但是,有一个大问题一直没有从根本上得到解决:中国汽车企业的轿车设计能力和工程能力仍有待提高。在品牌打造方面,国产轿车也需要再加把劲,让更多的人愿意购买自主品牌的轿车。如果轿车产业这样一个庞大的产业总是由跨国公司主导,这对其后续发展是极为不利的。

实际上,我国很多产业都面临着类似的问题,要摆脱这种困境,需要我国企业在今后的发展中尽快提升自己的核心技术与核心能力。当前存在的中美贸易摩擦,会随着大国间的博弈而长久存在。面对这样的外部环境,我国企业要尽快地培养自己的能力,这才是突围的根本之法。

当然,要实现这一点是非常不容易的,因为我国企业面临"后来者劣势"。要理解这个词,我们需要先解释一下经常被提到的"后发优势"。一个国家或者一个企业如果跟着别人走,往往可以从别人的错误中汲取教训,从别人的成功中学习经验。但是,并不是所有"跟着别人走"的国家或者企业都能获得后发优势,很多时候,迎接它们的是先行者带来的负面影响,即后来者劣势。很多人相信中国企业可以做出世界一流的产品,拥有世界一流的技术,并利用后发优势成功实现弯道超车,但是,事实上,无数企业在此过程中因后来者劣势而遭遇重重磨难,甚至折戟沉沙,即使有少数突围成功的企业，也是历经千辛万苦。

举个例子，TD-SCDMA 是中国提出的第三代移动通信标准（简称"3G"），被国际电信联盟正式列为全球第三代移动通信标准之一，从 1998 年提出到 2009 年实现产业化，整整花了 11 年，其中的过程非常复杂、曲折。在这个过程中，很多人并不看好 TD-SCDMA，包括国内的一些企业家、学者、政府官员，他们都对其有很大的顾虑甚至质疑。

但事实证明，TD-SCDMA 是有其先进性的。我曾经找到一家著名跨国公司无线部的首席科学家，请他对 TD-SCDMA 进行测评，他的回复是："与另外两个国际标准相比，在同样的频谱之下，你们这个标准的效率至少是它们的两倍。"

而且，TD-SCDMA 为中国科技进步立下了汗马功劳——不但为获得国家科学技术进步奖特等奖的 TD-LTE 的诞生奠定了良好基础，而且为我国在 4G、5G 领域走在世界前列打下了坚实的根基。截至 2020 年 3 月，全球共有 239 家持有 TD-LTE 频谱授权牌照的运营商，其中 169 家正在积极部署或已商用。

造成后来者劣势的核心原因是不相信自己的技术和能力。很多时候，我们都会因为没有认识到"小天鹅"的真正价值所在而把它们错认成了"丑小鸭"。为什么我们不愿意相信自己拥有好的东西，或者不愿使用这些好的东西呢？我想，这可能与中国的发展历史有关。历史上，在相当长的一段时间内，中华文明一直是世界的领先者，但是，近代以来，尤其是 1840 年鸦片战争以后，中国在长达百年的时间里受尽了屈辱，中国人的民族自信心因此受到了非常大的打击。1949 年 10 月 1 日，毛泽东主席在天安门城楼上说"中国人民从此站起来了"——我们确实站起来了，但是很多人内心深处的不自信依然存在（尤其是面对外国时），这导致今天我们在培养自己的能力方面存在很多问题，比如总是希望借助别人的力量。近几年中美关系的发展态势，迫使我们深刻地思考此类问题——总是借助别人的力量肯定是不行的，一定要独立自主。当然，独立自主并不意味着思想不开放，思想一定要开放，无论哪个国家、哪个企业有什么好的东西，我们都应该与其交流学习——这是把自己的能力培养起来的一个重要路径。

因此，企业进行能力培养时，一定要相信自己，追求自主创新，同时也要与外部多交流，进行开放式创新。但在两者之间要找到一个平衡点，过于封闭一定跟不上时代的潮流，过于开放则会丧失自我。

2.3.2　计划内创新和计划外创新

什么是计划内创新，什么是计划外创新？计划内创新关乎本来就要做的一些事情，比如某企业在未来五年里想实现某个发展目标（销售额、利润分别达到多少），为了实现这个目标，该企业就要开发相应的新技术与新产品。这些新技术与新产品的研发是该企业为了达成既定目标本来就要做的，所以叫作计划内创新。与之相对应的是，还有一些新技术与新产品是人们根本没有想到要去研发的，特别是企业高层领导不想开发但是下属坚持要开发的，它们就是计划外创新。

举个例子，20世纪90年代初，英特尔公司推出了一个新产品——PCI总线芯片（PCI BUS），这个产品非常先进，使用它的计算机，总线速度能提升四五倍。但是，这个产品的市场化并不在英特尔公司的计划内。当时，公司高管虽然非常看好这个产品，却做出了一个令人惊讶的决策：这个产品，我们公司自己不做，谁愿意做，我们会为其提供相应的技术支持和帮助。但是，英特尔公司某个事业部发出了不同的声音，为了扭转事业部业绩下滑的局面，他们主动请求研发这个产品。这样，问题出现了——公司上层的想法跟下属部门的想法不一致。

在我看来，英特尔公司最后是怎么解决这个问题的并不重要，重要的是，这引起了我们的深思：如果国内企业出现了这样的问题，会怎么处理？企业应该怎么处理？也许，事业部的工作人员会听从高管的意见，这样一来，那些计划外的（即高管不想做但下属想做的）创新也就做不成了。

在国际竞争日益加剧的情况下，如果国外企业（尤其是那些卓越的企业）既能做好计划内创新，也能做好计划外创新，而中国企业仅擅长做好计划内创新，那么，我们很可能会处于一种极其不利的境地。不把这个问题解决好，我们就是一条腿走路，而国外企业则是两条腿走路，我们将很难与别人竞争。

那么，这个问题应该怎么解决呢？下面，我继续以英特尔公司为例，做进一步说明。

最后，PCI总线芯片这个产品有了一个非常好的结局——该事业部最后用部门的钱来进行了PCI总线芯片的市场化，高管没有为他们提供支持，但也没有对他们进行过多干预。最终，这个事业部的销售业绩因PCI总线芯片的诞生而发生了根本性的逆转——1992年这个事业部的销售额是2.4亿美元，1993年下降为2亿美元，而1994年PCI总线芯片上市后，该事业部的销售额飙升至4亿美元，1995年达到7亿美元，1996年达到了13~14亿美元。毫不夸张地说，如果这个事业部从英特尔公司独立出来，它将会是一个规模庞大的计算机零部件制造公司。

从英特尔公司的这个例子中，我们可以总结出一些经验。

首先，在计划外创新的过程中，高管应该采取什么样的态度，采取什么样的策略？我认为，要科学地"睁一只眼，闭一只眼"。

如果高管的两只眼睛睁得大大的，始终盯着下属的一举一动，计划外创新是很难实现的。如果高管完全放开，闭上眼睛，对下属听之任之，企业的管理又会陷入巨大的混乱中，因为很多人都想尝试一下自己的想法。因此，高管要学会睁一只眼，闭一只眼，知道什么时候应该进行干预，什么时候应该给予支持，什么时候应该让下属停下来，这需要高管具备很高的领导艺术与管理能力。

其次，英特尔公司那个事业部的领导者（中层干部）的角色与作用体现了什么，说明了什么？

一是**中层干部一定要有承担风险的勇气**。在英特尔公司的案例中，这个事业部的领导者遇到的情况是，高层不支持，各个兄弟单位也不支持，所以他在行动时遇到了很多问题。比如，在实际操作过程中，制造部门说他们没有生产力可以分给 PCI 总线芯片这个产品，让该事业部自己去想办法。面对这样的回复，这个事业部的领导者只好找到日本的一家企业，请其帮忙生产。这个问题相对来讲比较简单，是易于解决的——找一个生产厂商，钱货两清就可以。但另一些问题就不那么容易解决了，比如，品牌管理部门要求 PCI 总线芯片不能使用英特尔的品牌名称，因为这有可能使公司的品牌受到负面影响。于是，这个事业部只好想办法自创品牌。由此可见，在进行计划外创新时，中层干部一定要有承担风险的勇气。

二是**中层干部一定要在平时给大家留下好印象**。面对一帮新同学，如果我向他们借 5 元，我相信大家都会借给我，但是如果我要借 10 万元，可能就很少有学生会借给我了，因为我和他们的交情根本就没达到那个层次。回到英特尔公司的案例里，因为高层不支持这个项目（但是也不反对），那个事业部的领导者想得到其他部门的支持是非常困难的，那么，他要凭借什么才能得到支持？在我看来，他得有一些比较好的"历史记录"，这些记录能说明他这个人做事靠谱、信誉好，过去做成的事非常多，失败的概率非常小，这样大家便更容易相信他——绝对不会让帮助自己的人承担很大的风险。做到这一点，对中层干部来说非常关键。

最后，英特尔公司这个计划外创新案例能给企业的一般员工带来什么启发？事实上，企业的大部分员工都不愿意承担太大风险，只希望在自己的岗位上按部就班地履行职责，把工作做好。但是，在英特尔公司的案例中，有很多员工从公司的不同部门来到这个事业部，与他们一同参与到新产品的市场化中。这些员工都是很有想法的人，也都想看看自己能为新的业务做出什么样的贡献。在职场上，我们应该学习这样的行为与态度，从而使自己的价值得到更好实现。

一个企业如果在把计划内创新做好的同时把计划外创新也做好，它就会比那些只会做计划内创新的企业拥有更好的前景。中国企业只有学会两条腿走路，才能在未来的竞争中拥有更强的竞争优势。

2.4 大企业与小企业（初创企业）的管理差异

2.4.1 大企业管理

大企业与小企业是两种性质不同的企业，管理方式差别很大。现在，很多大企业想引入一些在小企业中行之有效的、灵活的机制与管理方法，一些小企业又想引入大企业的规范管理制度，最终结果往往是"南橘北枳"。对于这个问题，学术界进行了很多研究，下面，我借用企业史专家、哈佛大学教授艾尔弗雷德·钱德勒（Alfred D. Chandler）的理论和研究来阐述大企业管理，借用塔夫茨（Tufts）大学教授阿玛尔·毕海德（Amar Bhidé）的理论和研究来阐述小企业管理，这两位学者在各自的领域内都有非常独到的见解。

很多人对钱德勒教授很熟悉，我非常喜欢他所著的《看得见的手》一书。学过经济学的人都知道"看不见的手"的重要作用与意义，但是钱德勒教授认为，在某种程度上，现代经济的核心与实质并不是由"看不见的手"而是由"看得见的手"缔造的。换言之，大企业的崛起和职业经理人的出现才是现代经济和现代企业的最大特征。此外，他的研究表明，大企业的地位不是小企业可以替代的，大企业是国家经济的核心，也是产业的领导者和组织者。如果没有大企业，一个国家的经济发展水平是不可想象的，而该国小企业的发展也会受到很大的影响。这个研究结果可能与很多人的以往认知大相径庭，在他们的认知中，创造就业岗位、搞创新的企业大都是小企业——其实，其中存在非常大的误解。

前两年，我曾到硅谷进行学术交流，一位学者对我说："钱德勒教授这个观点其实同样适用于硅谷。你看看硅谷的历史，如果没有像惠普这样的企业存在，硅谷不会有这么多的企业发展起来。小企业在发展的过程中，总会得到那些大企业的大力支持。所以，它们之间绝对不是一种相互替代的关系，而是一种相互合作、相互帮助的关系。"

有数据可以说明大企业在现代经济中的地位和作用。根据钱德勒教授的研究，1998 年，在全球 R&D（研究与开发）投资支出统计中，最大的 20 家企业占据了 20% 的份额，300 家大企业（含上面的 20 家企业）占据了 60% 的份额，也就是说，这 300 家企业以外的所有企业在研发上的支出只占全球总量的 40%。这组数据非常明确地告诉我们，在技术创新领域，大企业是不可替代的。

中国的实际情况也符合这一点。比如，华为 2021 年的研发费用投入为 1427 亿元，占年收入的 22.4%。但是，我国很多上市企业在这方面的支出与华为相比天差地别。不过，对小企业来说，在研发方面投入过多却不见得是一个明智的选择，因为它们本身没有那么多资源可作为支撑。

2.4.2　小企业的挑战

毕海德教授在去塔夫茨大学任教前先在哈佛商学院当老师，长期从事创业方面的研究，他的一些研究结论非常值得我们思考。根据他的研究，创业者（小企业尤其是初创企业的最高领导者）需要充分认识到小企业的特点。

能够适应变化。人往往是不太愿意面对并应对变化的，但是，创业者有时不得不应对一些变化甚至是根本性的变化，尤其是技术、产品、市场、企业定位等方面的变化。比如，某初创企业的愿景是成为某个行业的领先者，但经营几年后，创业者发现这一愿景是根本不可能实现的，那么他必须尽快改变企业的愿景。又如，某初创企业的目标市场是 A 市场，但创业者渐渐发现 A 市场与自己企业的资源和能力并不匹配，那么他就要选择其他市场进行尝试。在上面两种情况中，随着愿景、目标市场的改变，对企业而言某些具有根本性的事情（比如企业文化）也得随之改变。

知晓创业的失败率非常高，心理上要有所准备。创业者必须了解一个非常残酷的事实：初创企业大多数都撑不过三五年，绝大部分创业最后都是失败的。

知晓创业发生损失非常普遍，心理上要有所准备。创业可能带来的各种各样的损失非常多，财务损失更是非常普遍，创业者对此要有心理准备。

能够容忍不确定性、模糊性。创建企业时，创业者会面临很多不确定性、模糊性，这会使创业者不知道究竟如何才能把企业做好。如果创业者面临的问题与挑战有着比较清楚的因果关系，往往会比较容易找到应对的方法，只是做起来可能非常困难而已，还是可以为解决问题与挑战下定决心的。但是，很多时候，创业者即使明白所面临的问题，对于如何解决这些问题却并不清楚，也就是存在很大的模糊性，只能在黑暗中摸索。这些模糊性对创业者而言是巨大的挑战。

2.4.3 大企业和小企业的差异

大企业与小企业（尤其是初创企业）的差别有哪些呢？表 2-1 列出了它们之间的不同之处。

1. 起始条件

小企业（初创企业）缺少重大创意和技术、缺少经验、资本少、信誉低、内部约束少，所以不用刻意去寻找一个特别大的市场，只要找到一个有空间（小空间也行）的市场就可以生存下去。而大企业在这些方面有优势，但因为其规模大，所以一定要找到一个非常大的市场，在这样的市场中，它才能够做出与自己体量相匹配的投资决策。

表 2-1　大企业和小企业（初创企业）的不同之处

项目	大企业	小企业（初创企业）
起始条件	拥有重大创意和技术 经验多 资本多 信誉高 内部约束多	缺少重大创意和技术 缺少经验 资本少 信誉低 内部约束少
机遇与业务的性质	高初始投资 大市场 低不确定性 高可能利润	低初始投资 小市场 高不确定性 低可能利润
应对变化的方式	详细计划	迅速调整计划
资金的来源	本企业	合作者
领导者个人作用	相对较小	巨大
竞争	一般相对较少	一般相对较多

资料来源：BHIDE A V. The origin and evolution of new businesses[M]. London：Oxford University Press，2003.

2. 机遇与业务的性质

小企业（初创企业）与大企业对机遇的依赖性是非常不同的：小企业非常依赖机遇，但是大企业更多的是依靠自己的能力来培育市场、引导市场、创造市场。

3. 应对变化的方式

小企业（初创企业）对计划的依赖性非常小，这是因为小企业面临的外部环境时刻都在变化，它们很多时候只能适应这些变化，而不能改造外部环境。与之相反，大企业如果一味地迎合、追随外部环境，那么几乎是不可能成功的——大企业要更多地塑造外部环境，引导外部的市场。

4. 资金的来源

大企业的资金主要来源于本企业，而小企业（初创企业）要从外部获取资金，其资金来源是合作者。

5. 领导者个人作用

对小企业来讲，由于存在各种各样的不确定性、模糊性等，对领导者个人的依赖是非常大的。与之相反，大企业更多的是依赖已经比较稳定的流程、方法与战略。当然，大企业的领导者对企业的发展来说也是非常关键的，但通常来说，只要领导者不犯太多的错误，大企业的发展就是相对稳定的。如果一个大企业的领导者真的拥有雄才大略，那么他是可以把企业带到一个新高度的。但总体而言，大企业对领导者本身的依赖性要小很多，因为其已经积累了很多独特的资源与能力，做事的方法也相对稳定了。

6. 竞争

小企业（初创企业）面对的竞争很多，而大企业面对的竞争相对较少。

在本节中，我们重点探讨了大企业与小企业（初创企业）在管理方面的一些区别。我想特别说明的是，我国很多企业，特别是一些大企业，总试图把一些市场的力量引入企业，让每一个员工都感受到来自市场的压力，但这样的做法在很多情况下是不合适的。比如，大企业一定要给研发人员充足的时间与资源（单纯给他们压力是没有用的），特别是要给他们足够的时间让他们慢慢地提升能力和技术。不仅是研发人员，车间工人等员工也需要得到同样的对待——如果一个企业无法让员工在较长的时间内进行能力和技术的积累与提升，无法让他们静下心来工作，而是让他们整天想着"我会不会被解雇"，这个企业肯定是做不好的。

2.5 创新与变革

2.5.1 创新的挑战

创新与变革对每个企业、每个组织的重要性都是不言而喻的，但现实情况是，能够真正做好创新与变革的企业并不多，即使是行业领先企业也会面临巨大的挑战。那么，创新与变革的难题究竟是什么？企业应该怎么解决？我将从三个层面进行阐述。

1. 企业层面

在企业层面，创新的问题在哪里？接下来，我将以柯达为例进行讲解。

柯达是我最敬重的企业，为什么我会如此敬重一个已经倒下的企业呢？关于原因，我想先列举一组数字：从1902年到1976年，在长达70多年的时间里，柯达在胶卷和相机领域一直占有超过80%的市场份额。这足以说明柯达是相当了不起的企业。

我做过很多调查，试图找出一家能够在这方面与柯达相媲美的企业，但到现在为止还没有找到。我曾经跟学生说过，如果谁能找到这样的企业，我一定请那个人吃饭或者送上别的奖励。后来，一个意大利学生说他找到了一家拥有类似成就的企业，但是那家企业与柯达相比逊色不少，仅有三四十年的"辉煌战绩"。这个小故事说明，柯达能够做到在这样长一段时间内保持行业领先地位是非常不容易的。但是，即使柯达如此优秀，它最后仍然出现了很大的问题，这值得我们进一步深思。

我想特别强调的是，柯达并不是没有进行创新。很多人认为，柯达的问题在于不想在新领域创新，总想继续保持自己在胶卷方面的优势。实际上，事实并非如此。

1981年，当听到索尼宣布"我们很快就要推出数码相机了"时，柯达的第一反应是"the film is dead"（胶卷的末日已经来临），它非常清楚数码相机会为其带来挑战。正是因为有这样的认识，柯达采取了一系列措施来应对，比如，在数码相机研发方面大量投入——在20世纪80年代初到90年代初的十余年时间里，柯达投入约50亿美元做研发，这笔费用占柯达同期所有研发费用的40%左右。从1981年到20世纪90年代末数码相机真正发展起来，中间有长达 15 年左右的时间，柯达在无法看清数码相机前景的情况下就为其拿出 40% 左右的研发费用，足以显示他们对数码相机的重视程度。

除了在研发上发力，柯达还在人事和组织方面做出了改变。柯达认为，自己是做传统业务的企业，并不是高科技企业（当然，这是自谦，实际上，做胶卷和相机的企业都是高科技企业，产品的技术含量非常高），为此他们换掉 CEO，从摩托罗拉招聘了一个人，让他出任 CEO（他们认为，摩托罗拉是真正的高科技企业）。新 CEO 走马上任后做了一系列组织上的调整，比如，调整了公司战略，成立了全新的事业部来负责数码相机业务。这些调整是很成功的，技术成就也非常显著，比如，数码相机领域的一项重要技术 Image Sensor（图像传感器）就是柯达研发的，数码企业至今还在使用这个技术。

那么，为什么柯达最后还是倒下了？我认为，可能有以下两个方面的原因。

第一，柯达没有找到真正的症结。

我认为，柯达之所以会输给竞争对手，问题并不在于组织方面，而是柯达没有找到根本原因。具体来说，柯达虽然研发出了数码相机，但生产成本却很高，比如，2001 年，柯达每卖出一台数码相机就会亏损 60 美元。换言之，柯达生产并出售的数码相机越多，亏得就越多。为什么柯达生产数码相机的成本会这么高呢？这是因为柯达从来都不是靠卖相机挣钱的，而是靠卖胶卷，因此，柯达从未培养出高效生产高质量且低成本的相机的能力——等到数码相机时代来临时，柯达已经"无力回天"，再去培养相关的能力已为时已晚。如果柯达能够早一步认识到自己存在这样的缺陷，能够及时培养这方面的能力，它的结局可能会不一样。

第二，柯达实在太不走运了。

在数码相机这个领域，柯达的竞争对手是索尼、美能达（后与柯尼卡合并为现在的柯尼卡美能达）等企业，这些企业是电子企业，它们在高效生产高质量且低成本的产品方面有独特的优势。当柯达遇到这样的竞争对手时，只能叹一声"时运不济"。

除此之外，柯达还有一个很大的失误，就是没有保住传统业务。柯达之所以没能保住传统业务，不仅因为它的传统业务所属的领域在逐渐消亡，还因为它把自己的市场份额"让"给了日本企业富士。富士于20世纪60年代进入美国，70年代着力打造自己的品牌，当技术水平与柯达几乎不相上下时，它又打起了价格战。富士的产品质量不差，价格又比柯达低，可以想象，当它用低价策略争夺美国市场时，柯达的绝对主导地位一定会遭到动摇。最终的结果是，柯达毫无还手之力，只要它降价，那么损失最大的不是富士而是它自己。其实，这时的柯达是有一条路可走的：学习富士，在富士拥有绝对主导地位的日本市场中用"价格战"来消耗富士。很可惜，柯达没有选择这条路。

我想指出的一点是，大企业在进行组织变革、组织创新时都会面临一个问题：过于自负，过于相信自己。柯达输给富士的一个很重要的原因是，在1984年洛杉矶奥运会上，富士成了赞助商，而柯达没有——柯达内部的销售人员很早就指出，柯达应该充分利用这个机会扩大自身的影响力，但是高管却"不相信美国人民会买另外一个品牌的胶卷"。由此可见，当时的柯达过度自信到了什么程度。

除了柯达，企业层面还有很多例子，比如诺基亚，再比如摩托罗拉。当然，昔日巨头的轰然倒塌有时并不仅仅因为我们平时所讲的那些简单的因素（比如，该企业不愿意创新），我们需要更全面地去进行分析、评判。

2. 产业层面

产业层面，我们以计算机产业与手机产业为例。

20世纪80年代初制造出个人计算机后，IBM充分利用品牌影响力把这个产业做大了。但是，20世纪80年代末期，IBM遇到了巨大的挑战：戴尔、Gateway等小型且有创新模式的企业给它带来了很大的冲击。庞大的IBM面对这些竞争对手竟然毫无还手之力，最终不得不把个人计算机业务转卖给联想。

与IBM有类似命运的企业不仅存在于计算机产业中，也存在于其他产业中（比如自行车产业），特别是今天的手机产业。关于这些巨头陨落的原因，我建议大家去读麻省理工学院著名学者查尔斯·法恩（Charles Fine）的《时钟速度：在暂时优势时代赢得行业控制权》（*Clock Speed: Winning Industry Control in the Age of Temporary Advantage*）。在书中，法恩教授阐述的基本观点是：当一个产业进入比较成熟的阶段时（即产品高度模块化且技术相对成熟），产业的领先者可能会发生变化，即原来的领先者可能被生产效率特别高且能够快速推出产品的企业所替代，然而，那些成为新的"领头羊"的企业并不一定拥有多么强大的技术创新能力、核心技术开发能力。这一观点值得我国的手机制造商乃至各个产业的制造商反复揣摩，将其应用于实践会对企业产生非常巨大的影响力。华为、小米等拥有强劲技术创新能力的企业能从这一观点中汲取更多的养分。

3. 更广泛的层面

在前面，我通过举例对企业层面和产业层面的创新与变革进行了说明。如果要从更广泛的层面去探寻如何进行创新与变革，企业管理者需要做到以下几项。

第一，应认真思考企业什么时候需要进行创新与变革。当然，在很多情境中，企业都需要进行创新与变革，但是有一种情境需要企业做出突破式创新或深刻变革：当企业内部的声音高度一致时，也就是听不到不太一样的声音时，这意味着这个企业已经到了非常危险的境地。

第二，应时刻保持对外部环境十分敏感。要做到时刻关注那些试图进入或已经进入自己企业所在行业的国外企业、行业外部企业。比如，致使柯达衰落的一个很重要的因素是富士进入美国市场与它竞争，那时的柯达在美国本土是没有真正的竞争对手的（曾经有过，但是都被柯达消灭了），这使得柯达无法很好地处理富士在美国市场掀起的风浪。又如，炬赫一时的诺基亚并没有被手机行业的同行搞垮，给它带来致命一击的是跨界的苹果公司。从本质上讲，苹果公司不是手机制造商，而是计算机制造商，我们现在所用的智能手机不仅是通信工具，还是非常小型的计算机。总之，国外企业、行业外部企业带来的竞争往往具有惊人的破坏力，企业的管理者必须时刻关注它们的举动。

第三，应多交朋友，尤其要与其他行业的人交朋友——这些朋友拥有不同的背景和信息来源，可以为企业的管理者提供更高质量的决策辅助信息。

第四，应适时调整思考问题的方法，并且不要受思维定式的"胁迫"。对此，我以两家企业为例进行说明。

A 企业内部等级森严，就连领导者和普通员工应在餐厅的什么地方用餐都有明确的标识。A 企业要求员工必须着正装上班，对于会议中产生的争议，要求员工尽可能形成共同的认识。A 企业还强调，整个企业是一个大家庭，成员们要相互照顾。B 企业与 A 企业有非常大的差别，他们的员工平时穿休闲服装就可以，员工交流时叫对方的名而不是姓，这使得企业内的交流氛围非常轻松友好。有意思的是，B 企业与 A 企业一样，向员工强调整个企业是一个大家庭，成员们要相互照顾。

想一想，这两家企业哪个具备更好的创新能力？

我曾经以这两家企业为例做过很多次试验，很多学生认为 A 企业是国企，B 企业是民企。事实上，这两家企业都拥有很好的创新能力，而且都是行业中的领先企业，A 企业是德国企业，B 企业是美国企业。这说明，我们平时形成的思维定式往往会影响我们的判断，进一步讲，这样的判断会影响创新与变革的有效进行。

2.5.2 以流程、工具和方法促进创新

关于创新，我想介绍三个观点。

观点一：任何资源和能力都会过时，只是时间问题。

对企业而言，并不存在一劳永逸的事情，任何资源和能力都会过时，因此创新是非常重要的，将企业动态能力理论这样的理论应用于企业实践是十分必要的。

观点二：一般而言，企业的起点其实没有那么重要。

在初始阶段，企业的资源可以差一点，相关的能力可以弱一点，只要企业能够不断创新、不断提高自己的能力、不断优化自己的资源，就可以获得非常好的发展前景。

观点三：创新存在于任何地方，企业在方方面面都可以进行创新。

企业可以进行渐进式创新，也可以进行突破式创新；可以进行生产方面的创新，也可以进行人力资源管理、商业模式方面的创新。有些企业对创新很重视，比如，我参观英特尔公司的时候，看到它的博物馆门前印着"Innovation is everywhere"（创新无处不在）。我参观长城汽车公司时，也看到墙上悬挂着"每天进步一点点"的标语。更有意思的是，山东重工集团有限公司有一幅标语叫作"不争一流就是混"。这些标语都令我深受感动——这些话不仅适用于企业，也适用于我们每一个人。

那么，如何创新？接下来，我以技术创新为例来谈一下企业应如何运用工具、方法和流程不断地进行创新。

技术集成，是一种技术创新方法，也是一种管理方法，它并不等同于我们平时讲的"集成创新"。通俗地说，技术集成是指针对一个技术问题，

邀请不同领域的专家来解决，其核心是多学科知识的综合运用。

在企业的日常运转中，技术集成的例子很多，对其研究最深入的可能是哈佛大学的马可·依恩斯蒂教授（Marco Iansiti）。他原本是物理学家，后因对产学研结合、技术成果的转化非常感兴趣而前往哈佛大学念书。在学习中，他发现技术集成这种方法对企业的发展非常重要，于是在这一领域展开研究。比如，他对欧洲、美国和日本大型计算机企业的 27 个开发项目进行研究后发现，美国和欧洲企业的效率远远低于日本企业。具体来讲，前者需要 456 个人用一年的时间才能完成的项目，后者只要 188 个人做一年就能完成。

通过上面的数字，我们可以得知，当探究某个企业的竞争优势（比如产品做得好、相关成本低）是什么的时候，不单要看大的方面，比如企业战略，更要看细节之处（比如这个企业具体是怎么做事的）——这才是一个企业与另外一个企业的本质区别。

延伸一下，改革开放以来，我国很多企业愿意与外国企业合作（比如建立合资企业），但是最后往往会发现对方并不会告知自己那些最本质的、最核心的方法（比如技术集成）。这些东西，只能靠自己去摸索。

2.5.3 人、创新创业精神与体制机制

最后一节，我想谈一下人、创新创业精神与体制机制之间的关系。

现在有很多人对国企存在误解，一提到国企，就会说它们体制僵化、效率低，不搞、不懂创新。虽然这些问题确实存在于某些国企之中，但认为全部国企都存在这些问题是非常片面的。

在我看来，人们（特别是领导者、创业者、创新者）不应该把自身遇到的困难、存在的问题都简单归结为体制机制问题，而应该先从自身找原因。各个企业所处的大环境是一样的，最终表现和取得什么样的行业地位更多地取决于企业领导者的决策与行为。

经济学家、管理学家艾丽丝·阿姆斯丹教授（Alice Amsden）曾表达过类似的观点："全球资本主义国家拥有类似的经济体制，在这种体制中，各国做得特别好的企业与做得特别差的企业其实都不太多，大多数企业都处于中等水平，这说明企业的发展更多地取决于企业领导者的能力与水平，而不是经济体制。"

此外，她曾指出，对一个国家的发展而言，更重要的不是依靠外部力量，而是依靠内部力量。也许有人会说，世界上有很多国家凭借吸引外资得到了发展，因此外部力量更为重要。拥有这种观点的人，大概没有思考过为什么外资会进入这些国家——外资进入的前提是这些国家已经发展起来了，即外资"不打无准备之仗"。举例来说，在第二次世界大战结束后的很长一段时间内，是没有外资进入韩国的，当韩国经济发展到一定程度后，外资才陆续进入。我国的情况也是类似的，改革开放后，外资并没有马上进入，当发展到一定的程度后，外资才逐渐进入。

企业、组织想解决自身的难题，摆脱糟糕的现状，要发挥"有条件要上，没有条件创造条件也要上"的精神——这关乎人的创新创业精神与人对体制机制的合理利用。

这一点，在我所待过的国内三所院校和我所调研过的一些国企中得到了淋漓尽致的体现。

我在哈尔滨工业大学、中国人民大学学习过，现在在清华大学工作，我认为，这三所院校有一个共同的特点——自强不息，厚德载物。这八个字也是清华大学的校训，清华大学一直在践行这个校训。

清华大学为国家做出了很多贡献，其中很多是清华大学的教师们在没有国家资助的情况下克服了无数困难做出来的。比如，20世纪70年代末清华大学绵阳分校一位名叫殷志强的老师立志钻研太阳能光热方面的技术，以改善老百姓洗澡用热水困难等民生问题。到了20世纪80年代中期，殷老师终于取得技术上的重大突破。基于殷老师的科研成果，清华大学牵头于20世纪90年代初期成立了清华阳光,该公司将很多技术免费赠予同行——在我国太阳能行业蓬勃发展时,大概有2000多家企业。殷老师对太阳能行业做出了巨大的贡献,但是,在科研初期,殷老师并没有得到特殊的支持,他是"有条件要上,没有条件创造条件也要上"的典范。

我本科就读的哈尔滨工业大学也是如此。20世纪50年代,哈尔滨工业大学可谓"星光熠熠",是全国学习国外高等教育办学模式的两所样板大学之一,是国家首批重点建设的6所高校中唯一一所不在北京的高校。近年来,东北地区遭遇了很大的发展挑战,但这所大学从未消沉,尽全力为东北乃至全国做贡献。哈尔滨工业大学的校训非常务实——"规格严格,功夫到家",这使得它培养出许多优秀的工程师,因此被誉为"工程师的摇篮"。其实,在哈尔滨工业大学师生心中,另外8个字也具有相当的分量——"军令如山,国之所托"。以上16个字深刻地影响着该校的师生,比如,同为教师的马晶、谭立英夫妇。在没有太多外部支持的情况下,他们从学校借来一间简陋的地下室,将捡来的实验室报废仪器重新组装,拿出家里的积蓄和微薄的工资向心中的理想迈进。功夫不负有心人,他们完成了卫星激光通信的概念研究和单元技术研究,并初步掌握了关键技术。后来,他们组建了哈尔滨工业大学卫星激光通信团队,让中国站到了这个领域的世界最前沿。从马晶、谭立英老师身上,我们也能够看到"有条件要上,没有条件创造条件也要上"的精神。

毛泽东主席曾经说过"中国不会亡,因为有陕公",陕公即陕北公学,是中国人民大学的前身。从陕北公学到华北联合大学、华北大学,再到中国人民大学,这个学校经历了重重磨难才走到了今天。中国人民大学的校园并不大,但就是这样一所"小"大学却能在全国第四轮学科评估中得到9个"A+"评级,可谓了不起,这背后是全校师生为"有条件要上,没有条件创造条件也要上"付出的极大努力。

关于企业,我想谈谈给我留下深刻印象的6家西安大型国企。当年我去西安调研学习这 6 家企业时发现，它们的员工几乎每周都工作 6 天，每天工作 11 个小时。对此我很好奇，便询问缘由，有位管理者是这样回答的："我们国家现在是发展中国家，是跟随者，我们没有办法，只有加紧干。"在这 6 家企业中，不仅普通员工加班加点，身居要职的人也是，比如其中一家企业的总工程师。在他所在的企业调研时，有一天我与他聊到很晚，当我为此感到抱歉时，他却说："没有很晚，平时我们要忙到晚上 12 点或者凌晨 1 点，不信你可以问问我们办公室主任。"也许有人会说，这些人加班加点，肯定有丰厚的报酬。其实不然，比如 20 世纪 90 年代末，有一位高级工程师的孩子想买一双新鞋参加学校的文艺表演，但他却拿不出这笔钱。由此可见，他们并不是为了丰厚的报酬而在企业加班加点的。我想，正是因为有千千万万这样不计个人得失的人，我们国家的相关产业才能发展到今日的水平——只要肯努力，总能创造一些奇迹。

小　　结

本课内容是对我在清华大学多年授课内容的简要回顾。

清华大学为什么要开设"管理思维"这门课呢？背景是这样的：当年我们想进行 MBA 课程改革，考虑到清华大学的 MBA 项目已经算国内第一梯队的了，便把学习的方向转向国外。在调研了世界很多著名商学院后，我们发现有很多商学院已经开设或者正在考虑开设与"管理思维"相关的课程，于是我们便想开设"管理思维"这门课程。

在调研过程中我们发现，国外商学院对"管理思维"的理解与我们的理解有很大差别。比如，有一所著名商学院认为，要训练学生的"管理思维"要先训练他们的写作能力，因为写作能力能反映学生思考问题的能力——那时该商学院学生的写作能力普遍不够理想，这意味着这些学生思考问题的能力也不是很理想。我们对"管理思维"的理解则不同，我们更希望通过管理思维的提升使学生更深入地理解管理问题。

"管理思维"开课后,我发现了几种有意思的情况。比如,有些学生改变思维非常快,听完第一堂课就能入门,整个课程结束后,收获颇丰。与此相反,有一些学生在这门课程全部 32 个学时将要上完时,仍然"不得要领",希望我给他们一个"正确答案"——帮他们弄清条理,告诉他们应该思考什么问题以及思考的步骤。对于这些学生,我是这样回复的:"你们最好不要这样想。就像爬山一样,你需要地图,但这地图不应该是我给你们的,而应该由你们自己画出来,因为这样你们对路径、地形等问题会有更清晰的认知。"

"管理思维"已开课多年,可以说授课效果在一定程度上达到了我们的预期,对学生们产生了较大的影响。我也希望,本书的读者能够通过这部分内容的学习,对管理思维有更深入的了解,并将其应用于工作和实践中,使思考有系统性、结构化的支撑。

3

第 3 课

领导能力

　　一位领导者应该拥有领导力,方能在快速变化且不确定性激增的时代成为合格的领导者。那么,领导力究竟是什么,领导者又该如何构建领导力呢?

　　本课主要讲解领导力及其构建逻辑的相关知识,涉及两个模型(领导能力五力模型、领导者核心能力七力模型)、五个重要概念(领导力、影响力、平衡力、执行力、追随力),以及领导者提升核心能力时需重点关注的三个因素(情商与影响力、阳光心态、追随力)。"书犹药也",希望能使各位读者有所感悟并获得足够的收获。

——吴维库

(清华大学经济管理学院教授)

3.1 领导能力五力模型

3.1.1 每个人都在发力

现在请思考一个问题：我们为什么要加入一个组织？

是为了获得生活资料。生活资料不仅指金钱，还指与生活息息相关的荣誉、权力等。并且在获得生活资料时，我们希望自己是愉快、健康、幸福的。

与单位同事和谐相处，愉快地工作，获得幸福人生，这其实是我们加入一个组织的初衷。但是，在组织中，经常有一些冲突发生，比如某人可能会与公司内部的上级、同事、下级发生冲突，与公司外部的客户、供应商、媒体记者、律师等发生冲突。在与人发生冲突时，我们会感到不愉快、不舒服。

更麻烦的是，当我们在与各类人打交道时，我们会在内心与自己发生冲突，这些冲突关乎时间安排、精力分配（比如需要决定是在工作上还是在家庭上投入更多）、利益、价值观，反映了我们的内心想法，会使我们内心呈现不和谐状态，最终会导致本来和谐的组织氛围变得不和谐。

现在的问题是，问题到底出在哪里，为什么会发生冲突？其实，发生冲突是因为我们都在发力。之所以每个人都在发力，是因为我们必须要发力。

我们要发的力，究竟是什么"力"？

谈到"力"的时候，我们往往会想到牛顿运动定律。牛顿运动定律包括三个定律：一是惯性定律，任何物体都要保持匀速直线运动或静止状态，直到外力迫使它改变运动状态为止；物体质量越大，其惯性越大。二是加速度定律，一个物体在受到合外力的作用时会产生加速度，物体加速度的大小跟作用力成正比，跟物体质量成反比，即在同等条件下，作用力越大，加速度越大；物体质量越大，加速度越小。三是作用力与反作用力定律，相互作用的两个物体之间的作用力和反作用力总是大小相等、方向相反且作用在同一条直线上的。

牛顿运动定律还告诉我们,"力"是矢量。这意味着"力"有大小,有方向;"力"和"力"相加时,可运用矢量运算法则(平行四边形法则):两个矢量 a 和 b 相加,得到的是矢量 c,矢量 c 可以表示为矢量 a 和 b 的起点重合后,以它们为邻边构成的平行四边形的一条对角线,或者表示为将 a 的终点和 b 的起点重合后,从 a 的起点指向 b 的终点的矢量,如图 3-1 所示。

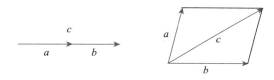

图 3-1　矢量运算法则

现在,我用牛顿运动定律来解释职场中的"力"。我用两根筷子来做比喻:一根筷子代表一种力,其长度代表力的一个单位,头部表示力的方向(即力的指向)。如果你发出一个单位的力,另外一个人也发出一个单位的力,这两种力大小相等、方向一致且夹角是零,那么这两个力就会形成合力。这时,合力等于多少?"1 加 1 等于 2",即合力等于两个单位的力。如果两个人有分歧,你们所发的虽然都是一个单位的力,但是方向存在偏差(即两个力的方向不一致),这时合力等于多少呢?以两种力为边作平行四边形,其对角线就是合力。这时"1 加 1 等于几"?大于 1 但小于 2。如果两种力呈 90° 垂直状态,这时"1 加 1 等于 $\sqrt{2}$"。如果两种力之间的夹角大于 90°,这时"1 加 1 大于 0 且小于 1"。如果两种力呈 180° 反向状态,这时"1 加 1 等于 0"。总而言之,在方向一致的情况下,两个人心往一处想,力往一处使,才会形成最大的合力。

因此,借用牛顿运动定律中"力"的概念来理解组织中的关系,我们就会有直观的感受。简而言之，身处职场的每一个人，都会对与之合作的人产生遵循"作用力等于反作用力"定律的影响，而为了组织有效运转，我们必须发力。

这样一来，组织中发生冲突就在所难免了，因为大家都在发力，而且发力的方向可能不完全一致。当产生冲突时，组织内部会产生内耗。同时，组织还会与外部世界产生摩擦，这都会使我们感到很累心。

正因为"作用力等于反作用力"，所以当你在职场中感到很累心时，和你合作的人也会感到很累心；当你辛苦付出时，和你合作的人也在辛苦付出；当你从工作中感受到快乐时，和你合作的人也会感受到快乐；当你感受到组织的和谐氛围时，身处其中的每一个人都会感受到这种氛围。

3.1.2 如何发力

作为组织的领导者，应该如何发力？其领导能力是如何形成的？请观察一下，在职场中，我们要和几个方向的人打交道？

首先，我们要和上下级打交道，这是向上、向下的方向。其次，在组织内部，我们要和同级的各个部门打交道，这是向内的方向。最后，我们还要和组织外部的客户、供应商、竞争对手、律师、社团、各种机构打交道，这是向外的方向。如图3-2所示，上下内外四个方向，组成了一个十字架（即领导能力五力模型），处于十字架中间的便是我们自己。

1. 向上方面

当对上级发出"力"时（即你向上级施加向上的力），你是希望上级听你的，但上级会认为你应该听他的（即上级向你施加向下的力），就像你希望你的下级听你的一样。如果你向上级施加的力与上级向你施加的力大小一致，二力就相互抵消了，这时候大家都不会行动，而且都会感到很累。那么，你对上级发出什么"力"时氛围才可能和谐呢？答案是——"追随力"，想与上级和谐相处，你必须学会发出追随力。

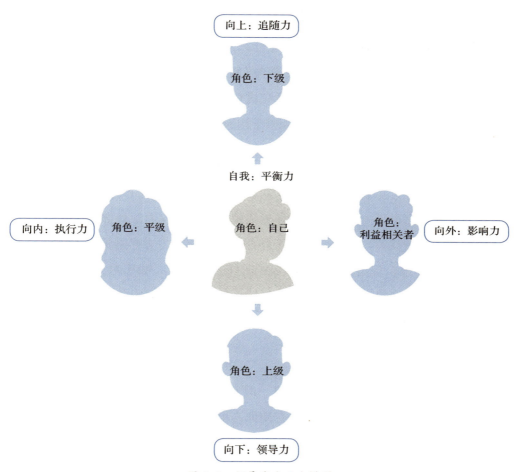

图 3-2 领导能力五力模型

2. 向下方面

对下级,你可以发出领导力。领导力是领导者应该发出的力,你是谁的领导者,你就可以向谁发出领导力。

3. 向内方面

当面对内部同级部门的同级员工时,你是处长,他也是处长,你是经理,他也是经理,你能轻易地向他施加领导力,命令他,强迫他配合你完成任务吗？不能。这样做你们可能会产生矛盾：都是同级，谁服谁？谁也不服谁。那么，对同级部门应该发出什么力？在与内部同级部门共事的过程中，你要学会沟通、协调、说服，使他们配合你所在的部门完成任务——这种能力叫作执行力，它关乎领导者完成任务的能力：一个领导者若想调动同级部门配合自己完成任务，必须善于沟通与协调，善于说服别人。

4. 向外方面

与外部的人共事时，你能向其发出领导力吗？在组织外部，你不一定能说了算，你也不一定能使用领导者岗位所赋予的权力，外部的人并不会特别在意你的权力。因此，在组织外部，你只能尽力去影响他人（利益相关者），尽量地表现出自己的"美"（展现自己的优势），吸引对方的注意力，使对方改变对你的态度并对你产生好感，然后配合你完成共同的任务——这种力叫作影响力。

5. 自我方面

当面对利益冲突、价值观冲突、时间冲突等冲突时，它们的"力量"会汇聚到你自己的内心，有时候会使你产生纠结的心态。那么，此时你要对自己发什么力？"平衡力"。

综上所述，一个领导者要想胜任岗位，必须会发五种力，这五种力组成了一个十字架模型——领导能力五力模型。这个模型看似比较简单，但它的创新点在于，在一个模型中体现了五个方向的五种力的相互关系：向上级发追随力，追随力与上级发出的领导力可以形成合力；向下级发领导力，并应采取措施使下级愿意向你发出追随力；向内部的同级部门发执行力，大家应学会沟通与协调，而不应用强制、压迫的方式进行合作，这样，内部同级部门之间便可和谐相处；向外部利益相关者发影响力，正向的影响力可以吸引顾客、征服对手，改变很多利益相关者对你的看法；向自己发平衡力，调整内心使自己做到刚柔并济、处变不惊，实现自我内心的和谐。

接下来，我们详细阐述领导者应具备的五种领导能力。

3.2 领导力

3.2.1 领导力的定义

顾名思义，领导力是由领导者发出的力，那么，到底什么是领导力？

梳理学科发展我们可知，领导力现在有260多种定义，如果一个概念有这么多种定义，说明这个概念是不精确的，也就是说，领导力是不精确的概念。但人们还是在努力给其一种精确的定义。美国学者斯蒂芬·P. 罗宾斯（Stephen P. Robbins）是这样定义的：领导力就是缔造愿景，影响群体，实现愿景或目标的能力。这是西方学者普遍认同的定义。

基于多年的领导力课程教学经验，我认为可以这样定义领导力：带领他人跟自己走的能力。你要想带领别人跟你走，必须让他在你那里得到实惠——既要能得到现在的实惠，还要能得到未来的实惠；必须让他既能拥有现在，还能拥有未来——不但要拥有现在的光明、未来的光明，还要拥有整个过程，也就是他要能跟着你幸福、愉快地走向越来越美好的明天。所谓美好的明天，需要你缔造一个美好的愿景，然后带领他实现这个愿景。要想让对方愿意跟你走，你需要善待他，这意味着你要提升很多关于"美好"的与领导力相关的素质。

此外，我认为还可以从中国传统文化的角度定义领导力。《道德经》有言，"天下万物生于有，有生于无"。借用此句，可以这样定义领导力：领导力是"有无相生"的智慧。

"有无相生"的智慧可以分为以下四个境界。

第一，无中生有。在这世上创新建立一个企业，这种行为便叫无中生有。

第二，有中生有。把小企业变成大企业，将一个经济增长点变成多个经济增长点，这种行为便叫有中生有。

第三，有中化无。将负面的事情、不好的事情反过来运用，使"大事化小，小事化了"，这种行为便叫有中化无。

第四，无中化无。这是"有无相生"智慧的最高境界。比如，心态是人们肉眼看不见的，所以无论不良心态、优良心态，都处于"无"的状态，当一个人拥有不良心态时，领导者通过一番解释沟通使其转变了想法，拥有了优良心态，我们便可说这位领导者做到了无中化无。

3.2.2　三层次领导力

你是否观察过组织中的某个人是怎么产生领导力的？通常来说，这个人要能做好自己的分内事，并且能很好地表现自己，让领导者看到自己很出色、很出众（个人有能力），而且与团队成员拥有良好的关系，此时他便拥有了个人领导力。当领导者看到这个人的潜力后，一般会提拔他，先给他一个只有几个人的小团队去带。这时，这个人就成了团队的领导者，在管理这个团队的过程中，他便拥有了团队领导力。如果这个团队的氛围很好，身处其中的每个人都会得到良好的发展，每个人都会心情舒畅并且产出好业绩，这时，团队领导者的业绩是下属业绩之和。如果这个团队的业绩很出色，对组织内的其他人产生了很大的影响力，那么高层领导者就会认为可以再往上提拔这个团队的领导者，让他多管几个团队，此时他便拥有了组织领导力。

在一个人的职业发展过程中，他首先要做好自己的分内事，其次要做好团队的领导者，最后要做好几个团队的领导者。请注意，提升领导力的基础是做好自己的分内事，只有做好自己的分内事才能够带领其他人跟随自己做，而且，你所带领的人的能力越强，你的领导力就会越强。当原先跟随你的人开始独自带领团队行动且所带领的团队规模越来越大时，你被

"扶植"到达的高度就越来越高,这意味着你的权力也越来越大。

由此,我把领导力分为三个层次,分别是个人领导力、团队领导力、组织领导力,如图 3-3 所示。

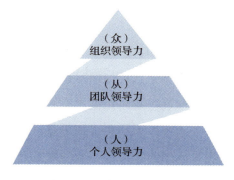

图 3-3　领导力的三个层次

个人领导力可以用一个汉字来表示——"人",团队领导力可以用一个汉字来表示——"从",组织领导力也可以用一个汉字来表示——"众"。

1. 个人领导力

作为领导者,你首先要确保自己是一个具有优良品格、面对挑战与困难能牢牢"站稳"的人,你应该是朝气蓬勃、精神饱满、意气风发、斗志昂扬的。当你的内心有一团火时,你才能释放光和热;当你的内心有一块冰时,即使冰融化了,你的内心还是零摄氏度。

前面我定义了领导力——带领他人跟自己走的能力,现在我再提出一个领导力定义——领导力就是体力加精力。

举个例子,我和一个老板相约某天早上见面,他忙到当天凌晨两三点才睡觉,但早上我见到他时,他依然西装革履,朝气蓬勃。我称赞他说:"你真是天生的老板,精力充沛。"他谦虚道:"我装的。"我又说:"我看出来了,但你已经将装精力充沛当成了习惯,这是很难做到的。"

借此例，我想说明的是：首先，领导者要时常表现出精力充沛的样子；其次，领导者总是爱提拔精力充沛的人；第三，要想被提拔，就要表现出精力充沛的样子；第四，要想时常表现出精力充沛的样子，就要养成表现出精力充沛的习惯。

尤其是刚刚进入职场的毕业生，一定要养成表现出精力充沛的习惯。在校期间，学生总是自由自在的，想晚上看书就晚上看书，想在课堂上睡觉就在课堂上睡觉，很多人会把这种习惯带到职场中。一定要改变这种不良习惯，因为一旦进入了职场，每时每刻都会被周围的人看着——我在做你在看，你在做他在看，人在做天在看。如果有一天大家要投票表决该提拔谁了，一旦有人提出某人精力不充沛、开会睡觉、听讲座睡觉，而且平时上班还迷迷糊糊的，大家就不会同意提拔此人了。

总之，领导者一定要保持身体健康、精神饱满、斗志昂扬，拥有足够的精力，并管好自己的精力。这本身就体现了一种能力，并且这与个人领导力水平是密切相关的。

2. 团队领导力

为什么团队领导力用"从"字来表示呢？在我看来，"从"字左边那个"人"是领导者，右边那个"人"是追随者——领导者拥有领导力，追随者拥有追随力。

在团队中，领导者在前面起带领作用，追随者在后面同步发力（他是主动要求前进并与领导者保持同步的），二者同步前进的这种合作情况可以叫"高铁动车"；领导者在前面起带领作用，追随者在后面却不发力，是被动地被拽着走的，这种合作情况可以叫"蒸汽火车"；领导者在前面起带领作用，追随者在后面反向使力，这种合作情况可以叫"破车"。在最后一种情况中，领导者与追随者所在的团队将会分裂。

其中，发展最快的就是"高铁动车"型团队，其中的领导者与追随者都在主动发力，都具有主观能动性，追随者借由"内生动力"跟随领导者主动前行。

总之，要想有团队领导力，领导者必须能够带领别人跟随自己，保证做到上下同心同德，宁可下属不发力也不能让他发反向的力。

3. 组织领导力

组织领导力可以用"众"字来表示，在我看来，"众"字的上半部分是一个大"人"，底下是两个小"人"，这可以说明大人物是由小人物托起的，小人物成就了大人物，大人物要保护小人物。

升为"大人物"的领导者，能力要足够强大，否则他总会担心手下人的能力超过自己并最终反压自己一头，于是便会使出各种办法来压迫手下人，限制其成长。这种领导风格叫"武大郎开店"：武大郎开店不能用个子比自己高的。

当领导者压迫了手下人时，牛顿运动定律就开始起作用了——作用力等于反作用力。"哪里有压迫哪里就有反抗"，这些手下人就会把他们头顶上的领导者推翻，把他拽下来，此时，"众"字中的三个"人"就一般高了，但三个"人"一般高，放在一起就不读"众"了，而应称为"乌合之众"。

因此，领导者的领导力是需要不断提升的。当手下人的能力提升了，领导者必须迅速跟进，也提升自己的能力，这样才能获得手下人的认同、追随。领导者应该永远在提升领导力的路上。

3.2.3 领导力源于权力

为什么大家愿意当领导者？因为领导者可以使用权力。那么，何为权力呢？在此举一例加以说明。

甲、乙、丙三个人来到了山涧旁，但他们不敢跳过去，这时如何让他们跳过去呢？作为旁观者的丁对他们说："你们三个谁能跳过去，我就承认谁胆子大。"胆子最大的那个人一努力就跳过去了，他因此得到了一句赞美——"你了不起，胆子最大。"接下来，丁又劝说剩下的两个人跳过去，他拿出一块金子，对他们说："你们俩谁能跳过去，我就给谁这块金子。"两人之中胆子较大的那个人受此鼓舞，一努力便跳过去了，他因此得到了金子。没有跳的那个人胆子最小，他的价值观是"金子诚可贵，生命价更高"，因为害怕出意外便不跳。怎么才能让他跳过去呢？丁抓住了他害怕死亡这一点——要想让他有所动作，就必须用死亡来刺激他。于是，丁放出一只狼来刺激他，当他发现狼后便奋力一跳，也跳过去了（而且可能数他跳得最远）。

在这个例子中，甲、乙、丙三个人其实都能跳过山涧，但一开始他们都不敢。作为旁观者的丁，在这里其实充当了领导者。那么，丁用了什么手段与权力让他们有所行动呢？丁用了"奖赏性权力"：用"名"奖励第一个人；用"利"奖励第二个人；第三个人不要"名"也不要"利"，但害怕死亡，也就是说，他不想得到什么，但是怕失去什么，丁便利用了这一点做出"奖赏"。放出的那只狼代表的是"强迫"：如果你不服从领导者的意志，就会受到严厉的惩罚。这个例子说明，要想让下属产生领导者期望的行为，领导者必须有权力——领导者的领导力源于权力。

关于权力的定义，有以下重要的解读。

- 权力是一方（影响者）影响另一方（目标对象）的能力。
- 权力是迫使别人做不可能的事情的能力——即使在遭到反对的情况下，仍然能实现自己意志的能力。
- 权力是对他人强制和支配的力量。
- 权力是一个人实现其个人意志的工具。

以上定义或许能够说明为什么大家愿意当领导者：当了领导者以后会

拥有权力，可以强迫别人顺从自己的意志，可以强迫别人放弃个人目标而去实现自己的既定目标。

权力到底有多少种类型呢？根据巴斯教授在 1960 年做的分类，权力有两大类、七小类，如表 3-1 所示。两大类指岗位权力、个人权力；七小类指岗位权力可划分为五小类——合法性权力、奖赏性权力、强制性权力、信息性权力、生态性权力，个人权力可划分为两小类——参照性权力、专家性权力。

表 3-1 权力的分类

权力	岗位权力	合法性权力 奖赏性权力 强制性权力 信息性权力 生态性权力
	个人权力	参照性权力 专家性权力

1. 合法性权力

合法性权力简称合法权，指领导者通过组织规定获得的职位权力。有了这种权力以后，领导者可以合法地实现五大管理职能——计划、组织、指挥、协调、控制。还有一种特殊的合法性权力——某个人不在相应的领导岗位，但是职务赋予了他合法性权力（如消防、卫生这样的部门中的某些人），即有些人虽然不是名义上的领导者，但可以对企业、组织的领导者或普通员工产生约束力。

2. 奖赏性权力

奖赏性权力简称奖赏权，指领导者通过奖励的方式使下属服从的能力，与强制性权力相反。领导者有多少种资源，就可以相应地提供多少种奖励，比如可以通过提拔、给予奖金、增加额外假期、分配对方喜欢的工作、增加自由工作的时间、给予进修学习机会等进行奖励，还可以通过口头表扬、颁发奖状等方式进行奖励。领导可以用这些奖赏手段来激发员工追随自己，实现组织的目标。

3. 强制性权力

强制性权力简称强制权，指领导者使下属因为受到威胁而不得不服从（或因对潜在的惩罚有所恐惧而服从）的权力。领导者可以通过降职、降级、降薪、批评、处分、孤立、打压等方式行使这种权力。

4. 信息性权力

信息性权力简称信息权，指下属为了获得必要的信息而必须服从的权力。比如，人力资源部掌握着哪些人可以晋升、晋升指标以及哪些人可以得到奖励的信息，所以我们就会对人力资源部产生服从的意志，愿意配合该部门的工作。类似地，领导者也掌握着重要的信息，因此下属为了从领导者那里获得信息会对其服从，愿意配合其完成工作。

5. 生态性权力

生态性权力简称生态权，指领导者通过情景设计、工作设计、文化设计而获得下属认可的权力。给下属安排好的工作环境、好的"师父"；如果下属比较胆小，就给他安排一个和谐的团队，给他一群较好相处的工作伙伴，从而缔造好的文化氛围；如果下属患有风湿，不愿意待在阴面的房间里办公，那就给他调到阳面的房间。以上这些行为都是领导者在缔造好的生态系统（即生态圈，包括工作环境、同事、工作理念、组织价值观等），每个人都喜欢生活在好的生态系统中，大家能够相互提携、照应、声援，从而提升组织的整体生命力。

6. 参照性权力

参照性权力简称参照权，指因拥有被认同的个人特质或独特的资源而获得的权力。这种权力由对他人产生崇拜以及希望自己成为那样的人所赋予。比如，雷锋、王进喜、焦裕禄都是我们的榜样，他们拥有的个人特质（优良的个人素质、卓越的业绩）是值得我们认真学习的。此外，即使有人没有独特的个人特质或权力，但是他能接触到权力或独特的资源，并借此对他人产生影响，我们也可以说这个人具有参照权。

7. 专家性权力

专家性权力简称专家权，指领导者因自身的专业知识与技能被认同而拥有的权力。比如，在日常工作中，我们常听到这样的话："这个人是专家，他说的我们都应该听。"

领导者能否实现有效领导，取决于其能否聪明睿智地、有效地组合上述七类权力。只要能有效地组合这七类权力，领导者就能对下属施加影响，带领下属跟随自己，实现自己确定的并且被大家认可的目标。

3.2.4 领导力可以后天培养

领导者的领导力是先天便具有的，还是后天培养的？这是大家最关心的问题，但一直没有准确的结论。有一种观点认为，领导力既需要先天具有也需要后天培养，职场中 70% 的领导力都可以通过后天培养，而且，即使是天生的领导者，也需要后天培养领导力。

领导力提升的速度，取决于领导者学习的速度——天生的领导者在领导力方面的学习力极强，有快速学习的能力，所以能够快速提升自己的领导力。那么，我们平时要怎么做才能提升领导力呢？要快速迭代，快速反思。快速指多快？最快的速度是一分钟：前一分钟发生的错误，在下一分钟就不要重复了。关于反思，我认为领导者至少一天反思一次。《论语》有言，"吾日三省吾身"，即每天从三个方面反省自己："为人谋而不忠乎？与朋友交而不信乎？传不习乎？"

为了提升领导力,领导者要反思以下内容。

- 与人沟通的方式是否合适?
- 与自己沟通的能力是否足够?
- 语言表达是否具有感召力?
- 哪些事情成功了?如何延续成功?
- 哪些事情失败了?如何做才能避免此类失败?

不要因失败而后悔不已,要做到内省而不内疚——虽然要自我反省,但不要在此过程中产生愧疚感,而要让自己产生力量,不再重蹈覆辙,这样领导力就可以迅速得到提升。

举一个颇有成就的领导者孙先生的例子,看看他的领导力是怎么培养出来的。童年时,孙先生的奶奶会给他做很多好吃的小食,她告诉孙先生可以用这些小食吸引别的小孩跟他玩,让他们愿意跟他玩、听他的话,愿意配合他,这样孙先生就不会感到孤独了。孙先生听从了奶奶的建议,用这些好吃的小食吸引别的小孩跟自己玩,结果那些本不愿意跟自己玩的小孩为了得到好吃的小食也会跟自己玩。于是,孙先生从小便懂得了一个道理——牺牲有形的物质可以换取别人的追随,这种行为就叫作"激励"。

在这个案例中,我们可以说孙先生的领导力是奶奶培养出来的,因为他的奶奶教会他:要想当领导者,就需要产生"公心",就需要愿意为别人牺牲自己的一些利益(既得好处)。

3.3 影响力

3.3.1 提升影响力的途径

当你去动物园看孔雀时,会看到有蓝孔雀、绿孔雀、白孔雀、花孔雀，有开屏的孔雀和不开屏的孔雀。现在请思考一个问题：给你留下深刻印象的是哪类孔雀？答案大概率是开屏的孔雀。为什么开屏的孔雀更容易被人们记住？因为这类孔雀漂亮夺目、体积大、显眼。换言之，这类孔雀有影响力，能够吸引我们的注意力。当把注意力投向这类孔雀的时候，我们会心情愉悦，会对其产生好感，会自发地赞美它们。

用学术语言来表述，影响力就是一个人在与他人交往的过程中改变他人心理和行为的能力。怎么产生影响力呢？请看下面这个例子。

某君参加了一个总裁培训班，开学时要投票选出班长。结果出来后，某君好奇为什么不是自己当选，便问得票最多的那个人："为什么是你？"他说："我请大家吃了一顿饭，大家就选我了。"

其实现在有种情况很常见：有人请客，没人应约。为什么这位得票最多的人请吃饭大家就给面子去了？他一定提前进行了铺垫，比如还没开学时就与班主任联系，询问有什么事情可以帮忙。他与同学打交道时一定表现得非常主动——有主动意识，主动做事，主动拉近与他人的距离。

在此我想特别说明的是，在与人接触时，我们不能摆出要做斗争、要打架的样子，这是很吓人的，我们要面露和蔼的表情，以微笑示人。在与他人谈话时，我们要找到对方值得赞美的地方，认可他、赞美他、赏识他。谈话结束后，在分开的时候我们要给对方留下好印象。

综上所述，要想提升影响力，建议采用这四个步骤：主动、微笑、赏识、留下好印象。其中，分开时留下好印象至关重要，因为它直接影响到下一次双方能不能再相见：如果分开时给对方留下的印象不好，那么之后你可能就不会再见到他了。

对于职场人，我建议你不要每天只顾闷头干活，要记住"主动、微笑、赏识、留下好印象"这四个步骤，无论对上级还是对平级，都要努力产生足够的影响力——有了影响力，大家才会对你产生好印象，支持你的工作。

3.3.2 情商与影响力

组织中的影响力由权力性影响力和非权力性影响力构成。权力性影响力指由以权势压人、以力服人、以利诱人产生的力量，这种力量可能让对方口服心不服，就像《弟子规》所说的："势服人，心不然。理服人，方无言。"非权力性影响力指由以德服人、以情感人、以理服人产生的力量，这种力量会让对方心服口服，由衷地佩服你、赞美你并积极协助你工作，因为你给他留下了好印象，产生了正向的影响力。

在我看来，影响力加上吸引力、感染力等于魅力。有了影响力以后，你就会引起更多人的注意。如果大家在靠近你时感到了温度，就会陆续向你靠拢、向你学习，这时的你便具有了吸引力。在这个过程中，如果你的价值观、思想、能力得到了他人的认可，他们就愿意成为像你这样的人，接受你的思想与教导，他们会被你感染和同化，此时的你就拥有了魅力。

魅力的缔造可以用情商来实现，换言之，情商可以缔造影响力。"情商"的概念首次见于丹尼尔·戈尔曼（Daniel Goleman）的经典著作《情商》。我在《情商与影响力》这本书里是这样定义情商的：情商是管理情绪的能力，与五个维度相关——认识自己的情绪、管理自己的情绪、认识他人的情绪、管理他人的情绪、自我激励。

如果用国学智慧来定义，情商就是管理七情六欲的能力。七情包括喜、怒、忧、思、悲、恐、惊，没有七情，人便是一块木头，而七情表达过度是"纵欲"，表达适度才是正常人。比如，范进中举的结局就是因为他大喜过度——喜伤心。六欲指眼（见欲，贪美色奇物）、耳（听欲，贪美音赞言）、鼻（香欲，贪香味）、舌（味欲，贪美食口快）、身（触欲，贪舒适享受）、意（意欲，贪声色、名利、恩爱）。如果能将七情六欲控制在"中庸"的范围内，就能达到和谐状态。

我们如果能管理好七情六欲，就会产生很好的影响力。

3.4 平衡力

3.4.1 平衡力的重要性

平衡力处于领导力五力模型的中间，是管理自己内心的能力，是实现自我心理平衡的能力，是协调与化解各方利益冲突的能力，是平衡欲望与能力的能力。

平衡力关系到一个人能否具有稳健的生活和工作状态。一个人如果产生了抱怨情绪，意味着他感到了不平衡，他会觉得生活和工作亏待了他：凭什么对我这样？凭什么不提拔我？他总能找到这样或那样的理由来使自己的抱怨合理化。旁人刚开始听到这样的抱怨时会觉得他是有理的，但时间长了就会把他当成"祥林嫂"，渐渐远离他，这最终会导致他失去稳健的生活和工作状态。

由此可见，平衡力是非常重要的，我们应管理好七情六欲，平衡好自我内心，让自己达到"中庸"状态。

3.4.2 平衡力与阳光心态

如何才能拥有平衡力？最实际的方式是让自己通过阳光心态，实现自我心理平衡。

为什么是阳光心态呢？太阳每天坚定不移地升起，按部就班地落下，即使乌云笼罩，太阳照样发光发热，给万物以能量。如果我们能像太阳一样给自己以能量，让自己的内心充满光明，同时给身边的事物与人以生发的能量，就能让自己处于平衡状态。

阳光心态是与环境相适应的积极心态，是一种平和、有温度、有力的心态——处于顺境之中，要低调、谦虚、谨慎；处于逆境之中，要高调、振奋精神；处于平静时期，要保持稳健。能张能弛，方能行稳致远。

为什么处于顺境之中要低调？因为人一旦处于顺境就容易骄傲自满，

但请记住"满招损，谦受益""日中则昃，月满则亏""天若欲其亡，必先令其狂"的道理。

为什么处于逆境之中要高调？所谓逆境，是与正常状态相比不一样的状态，即不顺，但事物总是会回归正常状态的，我们要相信自己能挺过来。所谓高调，就是让自己在逆境中振奋起来，做到"不掉进同一个坑"，并坚信"到了谷底就会反弹"。就像老一辈人说的："没有过不去的坎，没有过不去的火焰山，总之没有过不去的事情。"

为什么处于平静时期要保持稳健？保持稳健，意味着知足，意味着能够享受平平淡淡的生活。其实，每个人都在自己的高度过着平平淡淡的日子。有人一个月只挣几千元时，会觉得生活平平淡淡，希望自己变得更有钱，挣得更多；当他终于拿到了10万元月薪时，会觉得一年挣120万元也不是很多，认为年入1000万元的人才叫成功，相较于那些人，自己的生活还是平平淡淡。可现实是，那些年入千万元乃至上亿元的人，其实都在过着平平淡淡的日子。人有崇高的理想与远大追求是好的，但正如这句歌词所言，"曾经在幽幽暗暗、反反复复中追问，才知道平平淡淡、从从容容才是真"，切不可盲目追求所思所想，要保持稳健的状态。

明白了上面所说的道理，我们就懂得如何平衡工作和生活、健康和事业、理性和感性、现在和未来、公与私、小我与大我等各种关系了。

懂得平衡了，再陡峭的山、再难走的路我们都无畏。还记得"塞翁失马，焉知非福"的故事吗？这个故事我们小时候便听过了，当年岁渐长的我们在经历了"读万卷书，行万里路，阅人无数，高人点悟，自己开悟"的过程后再"复习"它时，会悟出另一层道理：最终结果是好是坏还不知道呢，不要把得失与升降看得太重（即不要把自己看得太重）。遵循这句话可以让我们获得平衡力。

3.5 执行力

3.5.1 执行力把思想变成行动

领导者的表现与执行力是紧密相连的。在我看来，执行力可以分为以下几个层次。

- 个体的执行力：个体的办事能力；
- 团队领导者的执行力：沟通与协调能力；
- 团队的执行力：团队的战斗力；
- 企业领导者的执行力：战略领导力；
- 企业的执行力：经营能力。

执行力有多个层次，但无论哪个层次的执行力都可以用一句话来抽象描述：把思想变成行动的能力。

领导者的意愿是把领导者的思想变成员工（下属）的行动，企业的意愿是把领导者的思想变成全体员工的行动，但是在具体的执行过程中，员工往往不是这样想的——他想把自己的思想变成自己的行动。这样会出现什么情况？领导者向员工交代任务，员工接受任务并按自己的思想去行动，当员工完成任务后，领导者会发觉结果和自己设想的不一样。当领导者问员工"你怎么这么干？"时，他往往会回答："我认为应该这么干。"其实，有时领导者并不需要下属多想、多琢磨，他会认为自己已经考虑完全了，下属依照他的思想去做就行了，没必要二度发挥。

3.5.2 执行力 = 能力 × 意愿 × 思想

读书之道在于悟——增加智慧。我们所读之书有两类，"有字书"与"无字书"（即实践）。有智慧的人悟性好，他们读"无字书"时（也就是实践时），能从中悟到一些道理，这些道理写下来叫作知识。那些读"有字书"

的人，实际上读的是知识。对这些人来说，书是读不完的。现在很多人不愿意读书就是因为这个缘故——书太多了，不知道该读什么，就像人太多了，不知道该看谁，朋友太多了，不知道该陪谁，菜太多了，不知道该吃什么，衣服太多了，不知道该穿什么。

这是一个知识爆炸的时代，电脑在不断升级，可是人脑还是那么大，没有升级，所以在庞杂的知识面前，人很容易自卑。庄子曾言："吾生也有涯，而知也无涯。以有涯随无涯，殆已！"这句话的意思是，生命是有限的，知识是无限的，以有限的生命去追求无限的知识，是徒劳无功的。所以说，读书之道在于悟，我们通过读"有字书"获取了一定量的（有限的）知识后，要能够应用这些知识使自己增加智慧，然后去读"无字书"，去认识无限的世界。

关于"无字书"，请看下面的这个例子。

领导者让某位下属到市场上买最好的韭菜。下属接到任务后，来到了市场，可他发现卖韭菜的人把韭菜分成了好几类，最便宜的是品相最差的，一元一堆，最贵的是品相最好的，要五六元一斤。

卖韭菜的人这样跟那位下属说："你买一元一堆的吧，每堆里边其实有很多韭菜都是好的，你挑一挑就行，一定能够吃好。多便宜！"这位下属觉得这话有道理，便买了品相最差的韭菜。

领导者看到韭菜后问下属："让你买最好的韭菜，你怎么买了一堆品相这么差的？"

下属回答："我寻思这里边有很多韭菜其实是好的，我挑一挑就挑出来了，性价比高。"

领导又说："说的是让你买最好的韭菜，结果你把最差的买回来了。你再怎么挑，还是有烂菜叶味儿。你为什么要寻思？我都寻思完了，你还寻思。你就不应该寻思，应该是我寻思。"

这样的例子在现实中并不少见。当领导者告诉下属一种思想后，若下属没有真正接受，他在具体执行的过程中就会以自己的思想为指导，最终会因此挨批评，但他往往不会接受批评，也不承认自己有错，还觉得自己有理。这样的下属其实是忘记了领导者和下属的关系是大脑和手的关系——大脑下指令让手把水拿来，手就要把水拿来，而不是把别的东西拿来。

可以说，下属要想有执行力，就得学会把领导者的思想装入自己的大脑，这个过程与领悟力（把别人的思想变成自己思想的能力）有关。领导者则要学会把自己的思想装入别人的大脑，这种能力就是领导力。

把领导者的思想变成下属的行动，这中间需要转换：下属要把领导者的思想变成自己的思想，然后把自己的思想变成自己的行动。换言之，领导者的思想是不能直接变成下属的行动的——领导者必须把自己的思想变成下属的思想，下属必须把自己的思想转换成领导者的思想（把领导者的思想装入自己的大脑，变成自己的思想），然后开始具体执行。

如果有人向你抱怨："我手下的人执行力怎么就这么差！"你要怎么回答？我建议你这样回答："你手下的人执行力差是因为你的领导力不足，你不能把你的思想装入他们的大脑。他们的大脑里没有你的思想，因此就不会产生你要求的行为。"如果他又问："我的领导力为什么不足？"你可以这样回答："领导力源于权力，领导力不足意味着你的权力不够多。你可以从自己所拥有的岗位权力和个人权力去思考。"

实际上，执行力等于能力乘以意愿，再乘以思想，其中有层级关系：首先，人要有思想；其次，人要有把思想变成行动的意愿；最后，人要有的意愿变成现实的能力（想飞上枝头的人多了，但人人都有这种能力吗？），没有能力便没有执行力。

3.6 追随力

3.6.1 什么是追随力

追随力是追随者发出的力。那么，谁是追随者？追随者指与领导者有共同利益、信仰、目标的人。换言之，如果一个人跟他的上司有相同的目标，且价值观、利益一致，那么这个人就是上司的追随者。

在我看来，追随力指有效执行领导者的指令、支持领导者工作的能力——发出追随力的人的目标是尽可能最大限度地完成组织目标。追随力与一个人积极主动做事的意愿是密切相关的。

传统观念认为"火车跑得快，全靠车头带"，这里所说的火车指的是老式火车，在现在的中国大地上，跑得最快的火车已经是高铁了。为什么高铁跑得更快？因为高铁的车头、车厢、车尾都有动力装置，可根据实际需要进行编组。在理想状态下，车头、车厢、车尾的动力装置都是运行着的：车头的任务是接收外部的信号，然后将信号发给车厢和车尾；车厢和车尾不是由车头带领前进的，而是主动前行的，它们配合着车头，做到了同时发力、同时减速、同时制动。所以，高铁这样的火车启动更快，跑得更快，刹车更快，灵活性更高。

如果根据高铁运行的原理组建一个团队，我们可以想象这个团队会非常高效："车厢"主动前行的时候，"火车"会跑得更快。在这里，让"车厢"主动前行且跟"车头"保持方向一致的力就是追随力。

根据高铁运行的原理组建团队的领导者，会非常省心省力，因为这种团队中的成员不用别人拉他、推他，自己就会往前走，去完成目标，并深知自己这么做的原因是"自己就应这么做"。在"高铁理论"时代，好的领导者要会引导下属去完成任务、达成目标，让他们发挥主观能动性，积极主动地做事。

经济基础决定上层建筑，当下的中国日新月异，我们的理论也在升级。我们已经摆脱了"火车跑得快，全靠车头带"的观念，进入了"高铁理论"时代，身处这个时代，我们要牢记追随力的重要性。

3.6.2 追随力与领导力

如果你的下属没有对你发出追随力，是被动"依赖"你，他就会产生逆反心理，有时会做出"两面派""口服心不服"的举动。如果下属对你发出追随力，主动"依赖"你，他会怎么做呢？就会像这样，——"你生病的这段时间，事情就交给我""你上刀山，我跟你上刀山；你下火海，我跟你下火海；你上九天，我跟你揽月；你下五洋，我跟你捉鳖"。如果他能做到自己所说的，你是不是要对他负责呢？所谓负责，就是带领他去追随美好的愿景，善待他，以他愿意被对待的方式对待他。在教导、帮助下属的过程中，不仅你的下属会学到技能、提升能力，与此同时，你的领导素质（包括格局、宽容、鼓励、赏识等）和领导力也会有所提升——换言之，追随力催生领导力。

所以，下属对你发出追随力意味着什么？意味着你安排到位的事情，他执行到位；你没有安排到位的事情，他用自己的判断和智慧也把事情做得很漂亮；在事情做完后，他会发自内心地赞美、感谢、认可你——"我的头儿领导有方、安排合理、格局够大，提供的平台广阔，感谢他"。此时，作为领导者的你感觉怎么样？你会非常开心。那么，此后你对他放不放心？如果放心，你愿不愿意支持他，放权给他？如果愿意放权，你会愿意放手让他在自己的权限范围内根据自己的意志做事吗？这三个问题关乎"三放"：放心、放权、放手。如果你对他做到"三放"，他面对他的下属时，领导力就会有所提升，因为他在你手下得到了"心理授权"。换言之，你的下属的领导力提升，源自你的"三放"，而你的"三放"源自他有追随力，所以，从这个角度来说，领导力源于追随力。

"领导力源于追随力"或者"追随力催生领导力"的观念，为我们提升领导力提供了新的视角和路径：原来通过学习领导力来提升领导力，现在可以通过学习与提升追随力来提升领导力。换言之，过去的领导力培训是从上司入手的——提升上司管理、调动下属的能力，现在的领导力培训可以从下属入手——提升下属的追随力，让下属对上司口服心服的同时得到足够的发挥空间。

在领导能力五力模型中（见图 3-2），追随力位于最上方，为什么这样安排？因为在牛顿力学体系中，所有的物体都是从高处往低处走的，比如水就是从高处往低处流的。在我看来，权力如水——"水无常形"，那么权力怎么才能像水一样流到我们手里？我们得去追求它、追随它，即向其发出追随力，这样才会有权力流到我们手里，我们才会成为真正的领导者。

3.7　领导者核心能力七力模型

如果想提升自己的位置，除了领导能力五力模型中的五种能力，领导者还要充分重视两种力——学习力和道德力。很多人往往忽视了学习力和道德力，实际上，如果一个人想要站到更高处，是离不开这两种力的助力的。

学习力，即通过学习，努力提升自己的能力。学习力是一种牵引力，可以使人不断地进步。在我看来，当一个人具有学习力时，他就有生命力，就有适应环境的能力，就不会"变老"（"变老"意味着大脑进不去新的东西，忘不掉旧的东西）。可以说，学习力、生命力、适应力是一体的。

道德力同样重要。"厚德"的反义词是缺德，同义词是积德，可以说，领导者的胜任力全靠"德"承载。那么，"物"指代什么？"物"可以指代权力、财富、荣誉、地位、家族事业、身体状况、个人心情、环境条件、人际关系等。在我看来，"物"是树，"德"是土，"土厚载大树"，即只有"土厚"才能培养出真正的"大树"。类似地，风厚载大翼，水厚载大舟，德厚载大物。总之，我们要想成就自己的"大"，必须从厚德开始。

领导能力五力模型中的五种力加上学习力与道德力，就形成了领导者核心能力七力模型，如图 3-4 所示。

图 3-4　领导者核心能力七力模型

一个领导者想要领导好企业，就需要用领导能力五力模型中的五种力来构建自己的岗位核心能力：向上要有追随力，上面是领导者；向下要有领导力，下面是追随者；向内要有执行力，要与内部各个同级部门沟通协调，调动它们配合自己完成任务；向外要有影响力，要向外部的利益相关者及社会输出影响。想要使自己获得更好的发展，就要用学习力驱使自己不断进步，并努力适应环境的变化；要有道德力，不断提升道德素养，用道德来承托自己的未来。

领导能力五力模型中的五种力决定了一个人能飞多稳，学习力决定了一个人能飞多高，道德力决定了一个人能飞多久。

小　结

领导能力五力模型中的领导力、追随力、执行力、影响力、平衡力可以帮助我们成就自己，让我们拥有强劲的领导能力，在职场上越走越稳，不断攀登高峰。但我们能走到什么样的高度,与领导者核心能力七力模型中的学习力和道德力密切相关。拥有学习力,我们才能不断提升自己的领导能力,使自己达到更高的境界。拥有道德力,我们才能由内而外散发道德光辉,在职场乃至人生道路上越走越远。

4

第 4 课

管理沟通

2018 年，一位名叫迈克尔·胡德（Michael Hood）的年轻企业家曾当面向全球知名投资家巴菲特提问，想知道在巴菲特看来，年轻企业家最需要提升哪方面的技能。

巴菲特回复称："投资自我。要想让自己的净资产增加至少 50%，最简单的方法之一，就是去提升自己的口头和书面沟通交流技能。如果你无法与他人交流，就好比在黑暗深处对着自己喜欢的人抛媚眼，完全不会有任何结果。"

管理者的主要工作方式就是沟通，就像上面巴菲特所说，成功人士都是沟通高手，都有自己独特的沟通风格和方式。

沟通包括说、听、读、写等主要方面，沟通能力是管理者必备的核心能力之一。研究表明，管理者平均每天大约 60% 的时间是在沟通，会议、电话、微信、邮件、报告等都属于沟通，尤其是在信息爆炸时代，沟通的有效性在很大程度上决定了管理的有效性。在清华经管学院 MBA 的课程体系中，管理沟通是一门必修课。2018 年开始，清华大学给全体本科生开设了"阅读与写作"课程，让沟通成为一种必备的基础能力。

那么，如何成为一名高效沟通的管理者？管理沟通的基本原则和方法有哪些？希望通过本课的讨论，为读者提供一个认识管理沟通的基本框架，帮助大家通过这个框架来检视每天的领导行为和沟通方式，不断优化和提升自己的沟通效能，创造积极的合作关系和高效的成果。

——徐中

（领导力学者，北京智学明德国际领导力中心创始人）

4.1 管理就是沟通

4.1.1 沟通无处不在

沟通就像空气，无时不在、无处不在，我们首先来看三类常见的沟通场景。

场景一：CEO 的沟通风格

马化腾自称是一个"不善言辞的人"，他用以推动迭代进化的办法，就是亲自参与几乎所有产品的研发，然后用发邮件的方式下"指导棋"，他可以算得上是中国首屈一指的"邮件狂人"。

所有接受我访谈的腾讯员工，都对马化腾的"发邮神功"表示惊奇，觉得不可思议。腾讯以产品线超长著称，但是马化腾几乎能关注到所有迭代的细节。曾主持 QQ 空间开发的一位腾讯高管告诉我，马化腾与他的团队的往来邮件起码超过 2000 封。

一个在腾讯员工中广为流传的段子是：一天早上来到公司，发现 Pony（马化腾的英文名）凌晨 4 点半发的邮件，总裁 10 点回了邮件，副总裁 10 点半回，几个总经理 12 点回复了讨论结果，到下午 3 点，技术方案已经有了，晚上 10 点，产品经理发出了该项目的详细排期，总共用时 18 个小时。腾讯的创始人之一张志东因此认为："腾讯的产品迭代就是一个被马化腾的邮件推着走的过程。"

——吴晓波《马化腾的"邮件癖"》

场景二：高管会议

有一次，一位集团总裁约我和他开一个午餐会，我们边吃边聊，从中午 12 点聊到下午 1 点。他告诉我，当天下午和晚上还有 6 个会议，平均每个会议 1 小时，会议内容除了接待客户、供应商等，还有集团内部的高管讨论和集团二级单位领导的工作汇报等。我问他，这么密集的会议安排是偶然出现的情况，还是经常如此？他说，这是一种常态，建立和维护与客户、供应商的关系，与集团高管团队沟通信息、判断市场、做出重要决策，听取下属的汇报，给出指导和反馈都是他日常开会的主要内容，这大概就是一位 CEO 每天的工作内容。如图 4-1 所示，CEO 的沟通类型大致可分为 5 种。

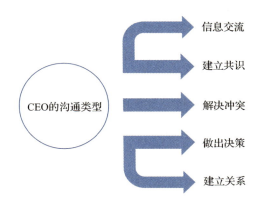

图 4-1　CEO 的沟通类型

又如，小米公司 CEO 雷军在一次演讲中提道，有一天下班的时候，他数了数，这一天居然开了 23 个会。2016 年 3 月，雷军在央视《遇见大咖》节目中透露，那个时候，他 3 分钟吃一顿午饭，平均一天开 11 个会。

场景三：团队晨会

每天早晨，当你路过银行网点、餐馆、百货商店等地时，经常可以看到很多工作人员在店铺门口或大堂里开晨会，大家一起回顾昨天的主要工作，分析有哪些方面做得好，需要继续保持，哪些方面做得不好，需要纠正，今天的主要工作目标是什么，有哪些注意事项等。晨会是一种非常重要的企业内部沟通方式，可以帮助员工在每天开始工作前明确统一的目标和标准，建立高效协同的关系，营造充满活力的团队氛围。

以上三种情景都是日常非常重要的管理沟通。可以说，管理沟通无时不在，无处不在。但如果有人问你，你觉得自己的沟通效率高吗？你的上司或者下属的沟通效率高吗？如果从 1 分到 10 分打分，你会打几分？你会发现，大多数人的分数都不高，大多数人对自己的沟通能力都不满意。在沟通中，经常会出现的问题包括目的不明、思路不清、论证无力、文不对题、词不达意、鸡同鸭讲、啰里啰唆等，造成人与人之间的误会、矛盾和冲突，无谓地耽误很多时间，带来很多重复工作、低效工作、感情冲突等。

实际上，我们每个人每天都处于各种各样的沟通关系和沟通状态中。即使是一个从事专业工作的人，比如，医生、程序员、设计师、会计或快递员等，也离不开沟通。沟通首先是自我沟通，让自己的思路清晰、工作有序，然后将自己的思想和创意注入产品或解决方案，传递给领导、同事或客户，让他人理解、接受和支持。

关于沟通的书籍不胜枚举。例如，有一本书叫《会演讲的人成功机会多两倍》，讲的是，在现实生活中，那些善于表达、倾听、与人互动的人，成功的概率比那些不善于表达、倾听、与人互动的人高很多。那些获得巨大成功的领导者，大多是非常善于表达和沟通的。当然，善于表达和沟通并不等同于滔滔不绝、口若悬河，而是充分发挥同理心，擅长通过合适的语言、眼神、情感和身体姿势的交流，以及提问、倾听、回应等互动，与沟通对象形成共鸣、共识、共振、共创、共赢。

4.1.2　什么是管理沟通

有学者指出，"管理就是沟通"，为什么？要回答这一问题，我们先来了解一下"管理"的定义。

哈佛商学院领导与变革大师约翰·科特教授认为：管理是通过一组众所周知的流程，帮助组织产出可靠、有效以及可预见的结果。良好的管理能帮助我们做好已知如何去做的事情，不管企业的规模、复杂性和地理分布范围如何。这些流程包括制订计划、做预算、梳理组织结构、配置人员，以及制定政策和流程、衡量员工业绩，并在没有达成计划目标时进行问题分析与解决。

按照科特教授的观点，管理需要通过人来设定目标、构建组织结构和制度流程，做到知人善用，激励人们去创造性地工作。企业的目的对外是以客户为中心，对内是以奋斗者为本，要实现外部人和内部人的认同、协同，必须通过高效的沟通来实现。

传统的管理有四大基本职能：计划、组织、领导和控制，如图4-2所示。计划是通过沟通全面收集信息，对信息进行分析、讨论，最终形成共识和决策，制订出有利于组织发展的计划。组织是设置组织结构、进行人员调配，做到人岗匹配、合理薪酬。领导是动员大家为了共同的愿景努力奋斗的艺术，需要沟通协调、建立共识、化解矛盾、鼓舞士气、凝聚人心、使众人行。控制是通过财务预算、制度流程、考核激励等手段，确保团队按照计划有序执行，确保努力的方向符合组织的目标，如果偏离了目标则需要进行纠正，奖励正确的行为、纠正不当的行为，提升整个团队的规范运营。这四大基本职能的正常运行都离不开高效的沟通。

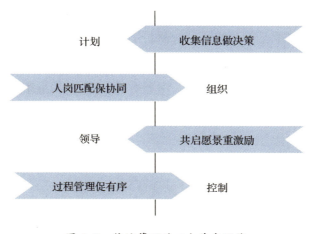

图4-2 传统管理的四大基本职能

在管理的四大基本职能中,领导发挥着至关重要的作用。通过有效的领导,团队中的每个人才能达到共识、共鸣、共振、共赢,团队才能成为高绩效团队,如图4-3所示。

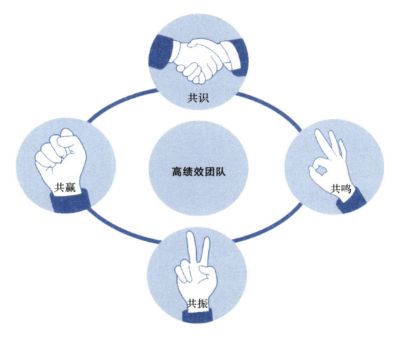

图 4-3 高绩效团队需要建立"四共"

共识,指的是理性上的认同。即员工对团队的目标、计划、策略、制度等充分了解,并认可。

共鸣,是强调情感上的联结。比如有的员工虽然认同团队的目标、计划和策略,但不喜欢上司的自负、傲慢、自私和武断等领导风格,这是很难产生情感共鸣的。

共振,指的是团队在执行过程中的协同、同频共振。确定了目标与计划、团队成员达成共识后,接下来就是付诸行动去执行。执行是一个过程,比如,销售团队要在一年中完成某个销售目标,就需要与团队内部成员、其他部门进行沟通协同,不断建立共识,控制情绪、协调冲突、掌控进度，实现良性的合作、互动。

共赢，指的是共享成果。华为创始人任正非在回答华为成功的秘密时，说是因为"分赃分得好"，所谓"分赃"，就是共享成果的一种比喻。有时候，分钱比挣钱更难，因为分钱往往涉及公平问题。虽然公平在很多时候可以以制度为保障，但更多时候与个人的感受和期望有关，每个人对自己贡献的判断都不一样，而共赢就是让大多数成员感觉自己得到了相对公平的收益分配，这样才能实现真正的共赢。

"**共识、共鸣、共振、共赢**"的建立，都需要大量的管理沟通，这是团队合作和完成任务的基本保障。

我们还可以从另一个方面来理解沟通的重要性。在管理中，有一个关键词"愿景"。管理者要描绘团队的共同愿景，比如，描绘团队三年或五年的奋斗目标实现之后的那个成功画面，通过想象力、成就感、意义感和伟大的愿望来感召团队，这是一种高级沟通能力。例如，乔布斯、马斯克、任正非等都是共启愿景的大师，马斯克对特斯拉和 SpaceX 的未来畅想，任正非在华为创立三年时就提出"十年以后，世界通信行业将三分天下，华为占一分"，这些愿景展望点燃了所有人对未来的憧憬和行动。

由此我们可以看出，沟通是管理者日常工作中最主要的工作。无论是领导下属形成共识、推进执行，还是与利益相关方合作，沟通都是重要的基础性工作。

4.2 管理沟通的五大要素

4.2.1 沟通者

在《管理沟通指南》[一]一书中，作者提出，管理沟通包含五大基本要素：

[一] 蒙特，汉密尔顿.管理沟通指南：第 10 版 [M].钱小军，张洁，译.北京：清华大学出版社，2014.

沟通者、沟通对象、沟通的信息（包括回应）、沟通渠道以及文化背景，如图 4-4 所示。

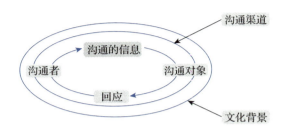

图 4-4　管理沟通的五大要素

沟通者是管理沟通的关键要素。沟通者在沟通之前，需要深入思考沟通目的、沟通方式、沟通可信度三个重要因素，如图 4-5 所示。

图 4-5　沟通者考虑的三个要素

1. 沟通目的

沟通要围绕目的展开，才能做到"形散而神不散"。在沟通之前，我们要明确沟通目的——是传递和获取信息、赢得领导支持、向客户推销产品，还是进行商务谈判、应聘面试、参与投标活动？弄清楚沟通的目的，以及最后希望达成的结果，是沟通的第一项工作。

举个例子，我曾经作为大学生创新创业大赛的评委参加了一个答辩会，其中一个团队的表现非常出色，给评委们留下了深刻的印象。那么，他们是如何赢得评委认可的呢？按照规则，每个参赛团队的答辩时间是15分钟，其中10分钟陈述创业计划方案，5分钟回答提问（问答环节）。首先，这个团队的PPT制作堪称参赛团队的样板，美观大方、主题明确、结构清晰、层次分明、内容简明扼要、重点突出、论证翔实，非常优秀。在陈述方案时，他们的表达也很自信、大方、流畅、简练，清晰地展示了项目的重大意义、产品优势、专利壁垒、客户赞赏以及大量的获奖证书等，有力地论证了项目的价值性、创新性、可行性以及巨大市场前景，并展示了与国内、国际同行对比的优势，极具说服力。在演讲过程中，他们注意团队协作，注意与评委之间的眼神交流，时刻观察评委对哪些方面感兴趣、有何疑问，并进行言简意赅的回答。这个参赛团队的陈述就是一次准备充分、目的明确、说服有力的沟通。

2. 沟通方式

在日常管理工作中，沟通有四种基本形式：**陈述、说服、征询和参与**。具体选择哪种方式进行沟通，有三个标准：一是沟通者是否掌握了足够的信息，二是沟通者是否需要征求对方的意见，三是沟通者是否想控制这个信息。

沟通中如果存在信息不对称的情况，比如沟通一方掌握一些信息，但另一方却不知道，这时候信息优势方可能就不会征求对方的意见了。比如，患者去医院看病，医生在诊断前通常会先向患者或家属询问一些必要的背景信息，但在做出判断和给出诊疗方案时，他往往不会征求患者的意见，因为他是专家，他知道该如何治疗。相对而言，患者是外行，这个时候，医生只需要通过陈述告知患者就可以了。

如果沟通场景是经理和下属一同参加一个投标活动，情况就不同了。经理需要和下属共商方案，相互提供信息和专业意见，从而集思广益，形成最优方案，这时就需要下属真正地参与进来，通过沟通去完成任务。

3. 沟通可信度

人与人之间会形成关系，关系的核心是信任。当你与他人进行沟通时，首先要判断对方是否了解你、相信你。如果他并不了解你，甚至对你的情况一无所知，就很可能会对你持有怀疑态度，对你的沟通可信度打折扣，这时沟通的效果势必受到严重影响。

有一次，一家独角兽科技公司的人力资源副总裁联系我，想邀请我为他们的管理层做领导力培训。见面之前，他在网上收集了一些关于我们公司的信息，并且通过其他渠道对我们进行了初步了解。我们第一次见面，他表现得很客套，多次表示很尊敬我，但我看得出来，他的心中有很多疑问。比如，他会提出很多问题：两天的领导力培训能给公司的 140 位总监带来什么样的改变？请问您是采取什么样的教学方式，是传统讲授式的，还是互动式的？培训内容是否可以与公司的实际工作关联起来？能否多讲一些其他优秀公司的案例？等等。可见，在沟通中，如果对方对你的了解不够，就会有很多质疑，如果没有建立足够的信任，那么他对你就不会有足够的信心。

如何建立信任？对沟通者来说，有几大要素会提高沟通对象对其的信任度：**身份、良好的意愿、专业知识、形象和声誉**等。从沟通者的角度来说，如果之前有过一次满意的合作，通常第二次合作会非常顺畅，因为彼此已经建立了信任的基础。

4.2.2 沟通对象

理解沟通对象的身份、需求和沟通偏好是沟通成功的关键。关于沟通对象，我们需要考虑四大因素。

1. 他是谁

人际沟通也是一种关系互动，需要明确彼此的身份和关系，信任关系和亲密程度在很大程度上决定了沟通策略与沟通方式。例如，沟通对象是我们的上司、下属、同侪、客户，还是政府监管部门、投资人等？他的年龄、身份背景如何？他对我有多了解、多认可、多亲密？

2. 他对讨论的主题兴趣如何

沟通需要花费精力和时间，也是一种情感投入，如果缺乏共同的兴趣和利益，则沟通很难取得良好的效果。因此，在沟通之前，要判断沟通对象对沟通的兴趣有多大，他和沟通的主题有多大利益关系等。

3. 他的感觉和状态如何

重要的沟通需要进行充分的准确。沟通之前要分析：沟通对象目前的沟通状态如何？他准备好了吗？无论是招聘面试、会议沟通、沟通汇报、教练对话，还是客户拜访、商务谈判等，都需要考虑到参加者的参与状态。准确度越高，沟通的效果就越好。

4. 影响和说服他的最佳方式是什么

有人说："这个世界上最难的就是把自己的思想装进他人的头脑。"中国历史上有很多游说、谈判、沟通的经典案例，例如，晏子使楚、邹忌讽齐王纳谏、诸葛亮舌战群儒等。在现实中，很多沟通过程会涉及立场差异、观点冲突和利益冲突等，如何找到最恰当的沟通方式，以**"恰当的时间、恰当的地点、恰当的方式"** 进行沟通权关键，要做到循循善诱、求同存异、以情动人、以理服人是一门大学问。面对面沟通、电话沟通、微信沟通、邮件沟通、信件沟通等，哪一种最合适，需要根据情况进行恰当选择。

4.2.3 沟通的信息

沟通的目的常常是实现信息的传递、交互，以达成共识，实现协同行动。关于沟通的信息，主要应考虑四个要素。

1. 信息结构的开场和结尾

沟通时需要讲究信息策略。所谓信息策略，指的是把沟通的信息进行结构化和有效组织。在做陈述或演讲时，开场和结尾是信息结构化的重中之重。好的开场会吸引对方的注意力，激发对方的兴趣。一旦对方产生兴趣，并愿意倾听，接下来的沟通往往就比较顺畅，从而达到事半功倍的效果。结尾往往是沟通的点睛之笔，在沟通过程中，我们可能会有发散性的发言、对话、讨论，但沟通即将结束时，一定要回到沟通的主题和目的上，要做一个简单的收尾，总结沟通的成果，明确达成了哪几项共识，确定了哪些未来的行动目标，接下来具体要做哪些工作，由谁来负责，要让所有人明确目标和职责，促成最后的行动和成果。

2. 信息的组织

麦肯锡的金字塔原理是将信息结构化的有效工具。我们可以将要表达的复杂信息按照金字塔的方式进行层层分解和排列组合，画出一幅清晰的逻辑图，然后通过表达和沟通，把这幅逻辑图装进对方的脑海中，让对方能够清楚地理解和认同。

3. 设置记忆点

沟通的目的是让对方了解、理解、同意并愿意付诸行动。要做到这一点，首先就要做到沟通的关键信息清晰、重点突出，能够让对方感兴趣、记得住，这样当对方去执行时才不会遗忘。所以，在沟通过程中，一定要考虑清楚哪些要点和重点是希望对方记住的。例如，很多领导讲话结束之后，有关部门会整理出一些关键观点和金句（例如任正非说的"为客户服务是华为存在的唯一理由""胜则举杯相庆，败则拼死相救""从泥坑中爬起来的是圣人"），并用图片化的方式进行传播，效果很好。再有，很多公司的广告宣传点就是他们设置的"记忆点"，目的是激发你的情感共鸣（例如"农夫山泉有点甜""我们是大自然的搬运工"）。

4. 讲故事

没有人不喜欢故事，没有人能够拒绝好的故事。脑神经科学研究表明，如果你听到一个故事，你的整个大脑都会如灯泡般"亮起来"。故事情节中的图景和声音会点亮你的颞叶和枕叶，让你身临其境。此外，你在听故事的时候，会很自然地进入讲者的角度，与他产生共情。当你感受更多的共情，你的大脑就会释放更多的催产素。催产素是一种让人感觉良好的化学物质，你分泌的催产素越多，就会变得越来越信任讲者。由此可见，讲好故事是领导者影响他人的一个关键能力。

2005年，乔布斯在斯坦福大学毕业典礼上的演讲讲述了自己成长中的三件事：大学偶然学习书法、被苹果董事会炒鱿鱼、癌症与死亡经历，很好地阐述了他的世界观、人生观和价值观，建立了与斯坦福师生的情感联结，成为最经典和最激励人心的演讲之一。

4.2.4 沟通渠道

沟通渠道作为媒介常常影响沟通的成效，选择不恰当的沟通渠道，可能给你带来意想不到的误解、冲突和失败。在沟通时，是采用邮件、短信、微信的纯文字形式，还是视频、电话、语音的纯语言形式，对沟通效果会产生极大的影响，这也被称为渠道策略，如图4-6所示。

图4-6　渠道策略

有的人比较理性，喜欢使用文字的形式进行沟通，如发微信、发邮件，甚至就算沟通对象就在邻桌，一扭头就可以交流，他也会发文字。还有的人比较喜欢人际互动，偏好语音沟通，喜欢打电话或发语音。这些不同的沟通偏好，与性格有很大关系，喜欢用纯文字沟通的人和喜欢用纯语言沟通的人可能是两种不同的性格类型。彼得·德鲁克在《卓有成效的管理者》一书中介绍过，人获取信息大致可以分为"读者型"和"听者型"（也有人兼而有之）。"读者型"的人偏好文字阅读，喜欢通过书面阅读来获取信息并做出判断，喜欢自主、主动；而"听者型"的人喜欢通过听来获取信息，感受对方的情绪起伏，喜欢互动。因此，管理者不仅需要了解自己是哪种沟通偏好，还需要了解团队成员和客户是哪种沟通偏好。

在选择沟通渠道时，还要考虑沟通的内容是否要求准确，是否需要对方做记录，是否需要对方记住。如果需要准确描述，需要对方记录、记住，那么使用文字沟通的形式较好，方便对方备份和反复查看。这时，发语音沟通的方式就可能不太适合。语音的特点在于其情感性，因为包含了语音和语调，对方会感觉到说话人的情绪和态度。但其缺点在于信息获取不太方便，也不方便重复回看，特别是在一些多任务情境下，容易被忽略。比如，你正在会议室开会，如果收到一条微信语音或者一个来电，就可能不方便接听，但如果收到的是邮件，就可以一边开会，一边快速看文字内容。

也有人喜欢采用混合式沟通，喜欢通过文字传递简洁、明确的通知性信息，通过电话或面对面的沟通传递复杂、模糊和需要讨论的信息，增进彼此的关系。我们常说"见面三分情"，很多成功且高效的沟通采用的都是混合式沟通渠道，我们可以根据沟通对象以及场景的不同，选择混合的沟通方式：比如，不紧急的信息，可以使用微信文字，但在紧急情况下或者需要用语音传递情感时，还是使用电话比较好。但不论选择何种沟通方式，都要从沟通的目的出发，又快又好地实现目标。

4.2.5 文化背景

管理沟通的第五个要素是文化背景。沟通困难的一个重要原因是，彼此文化背景的差异，会造成对同一件事情的理解不同。中国人与美国人的文化差异，北方人和南方人的文化差异，创业公司与成熟大公司的文化差异，导致沟通的方式也有很大差异，这是很多人到不同环境之后感到不适应的原因。例如，创业公司的组织结构相对简单，年龄差别小，相对平等，要求的是快速、简洁、透明、及时的沟通，这更有利于信息的快速传递，促进共创未来发展的更多可能性。但在成熟大公司中，人与人之间的沟通往往有明显的等级和规矩，很多人在沟通时有各种顾虑，导致沟通不及时、单向沟通、被动沟通、报喜不报忧等问题。

此外，文化背景也影响沟通的时间和场地的选择，从而影响沟通效果。科技公司、现代服务业企业的沟通方式与传统制造业企业就有很大不同。例如，有的公司是全天候沟通，高管 24 小时手机开机；有的公司偏好正式沟通；有的公司偏好非正式沟通；有的公司偏好邮件沟通；有的公司偏好面对面沟通；等等。

文化差异在沟通中经常体现在非语言沟通上。中西方人在沟通中的差异主要有：大多数中国人相对比较含蓄、有较强的等级观、回避冲突，主要采用文字或语言来进行沟通，通常很少使用丰富的表情、手势、身体语言；相对而言，西方人比较开放，很注重身体语言的表达，表情通常比较丰富，有时会使用夸张的笑容、手势、身体动作，甚至用拥抱这样的亲密举动来增强关系和互动。在全球化、网络化、高度协作化的今天，我们对合作的需求日益加深。很多年轻人已经意识到，想要建立人与人之间密切合作、相互信任的关系，学会运用身体语言就变得越来越重要。

4.3 管理沟通的四项基本原则

"沟通"两个字进行拆解,可以分为"沟"和"通"两部分,这也是沟通的两个方面。"沟"在汉语中指田间水道、流水的沟渠,后来延伸出"山沟、阴沟、沟壑"等。在沟通学上,"沟"可以理解成建立沟通联系的媒介和渠道,比如:信件、邮件、电话、微信或面对面地开会,都是常见的沟通渠道。但是有了"沟"不等于就能做到"通"。我们在日常沟通中可能经常会听到这样的话,"我不是这个意思""你误解了",等等。这种情况下,虽然有表达,但是没有做到"通"。"通"的原意有"两端无阻隔,通顺,通达"等,是一种联结的结果,沟通主要是为了达到四个目标:被听到、被理解、被认同和促成协同行动。

有"沟",还必须要"通",才是真正的沟通。这里需要遵循四项基本原则:先人后事、目的导向、双向沟通和 3R 原则,如图 4-7 所示。

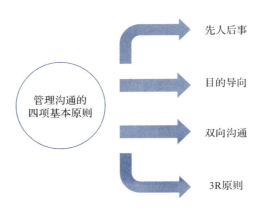

图 4-7 管理沟通的四项基本原则

4.3.1 先人后事

管理沟通的第一个基本原则是先人后事。

"先人后事"的要义是先处理好关系和情绪，再处理事情。有效沟通与合作的前提是有信任、尊重、开放、真诚的关系，有积极的情绪，才能产生共鸣、共创和共识。在具有重大利益、冲突、风险的关键沟通中，充分关注沟通对象的身份和需求，激发对方的参与感以实现共同利益是成功的关键。

4.3.2　目的导向

第二个基本原则是目的导向。如今是一个快节奏时代，管理者都很重视时间管理，强调工作效率，因此，沟通一定要有明确的目的、目标，要充分准备、精简过程、有的放矢。

沟通中缺乏目标的常见情形有：跑题、不聚焦、隔靴搔痒等。沟通的艺术与写散文类似，要"形散而神不散"，发起人和支持人要始终引导大家的对话与交流，围绕主题展开深入、坦诚和富有成效的沟通。

4.3.3　双向沟通

第三个基本原则是双向沟通。"通"的关键是双向互动，才能建立共识，才能激发参与和行动。如今，"90后"甚至"00后"已经成为职场生力军。作为互联网的原住民，他们几乎是在平等交流和参与中长大的。他们经常在论坛、QQ群、微信群、微博、贴吧、B站等参与各种各样的互动，参与意识非常强，等级观念弱，这有利于青年人发挥自主性、参与性和创造性。但这在某种程度上也意味着他们很独立、想法多，喜欢平等互动、务实创新。他们不希望像机器人一样被动地、机械地接受命令、指使。因此，作为领导者或会议的组织者，一定要意识到这一点，要尽可能创造所有人参与发言的机会，形成群策群力的共创氛围。

有这样一个例子，美国前总统奥巴马每次在白宫召集会议时，最靠里的一圈围坐的都是部长级的官员们，再外一圈是他们的助手或者秘书。每次各位部长汇报或发表完观点后，奥巴马总是要向外面这一圈人征询意见，让坐在外围的年轻人有机会发表意见。后来，在一次演讲中，奥巴马解释了这么做的原因：他希望在场的所有人都有参与感，同时也让那些坐在里面的部长们有一定的压力。而且，如果他们没有记住或是没有讲清楚，有人可以帮他们补充。他的这种方法让很多年轻人颇为感动，因为他们感受到了被认可，被上级认同自己是团队中的一分子，工作便更加努力了。

4.3.4 3R 原则

第四个基本原则叫 3R 原则，也就是三个"Right"，即"恰当的时间、恰当的地点、恰当的方式"，如图 4-8 所示。沟通不畅常常不是内容出了问题，而是 3R 出了问题。

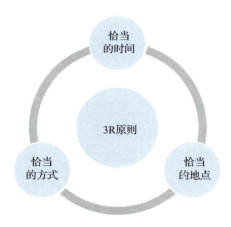

图 4-8 管理沟通的 3R 原则

1. 恰当的时间

会议沟通一般需要预约时间，让参与者有一定的准备，并确保相关人员都能够参加。在组织中，时间的确定，往往以参与会议中职位最高的领导的时间安排为准，其他人以此来协调自己的时间。如果是拜会客户，则往往以客户方便的时间来进行安排。

恰当的另一个维度是长度。10分钟或15分钟的快速会议在诸如军队、应急处理单位（例如消防局）、医院等高风险工作环境中很普遍。例如，原谷歌高管、雅虎公司总裁玛丽莎·梅耶尔以开会短而闻名，她通常在大块的时间里穿插加入10分钟的会议。虽然这经常导致她每周要开70多个会，但这种方式能让她更高效地回应员工的需求，让日常开会更简单，且让计划和想法毫不停滞地持续推进。

2. 恰当的地点

沟通地点可以分为正式的和非正式的两大类，正式的会议一般在公司会议室或经理办公室召开，大家可以集中精力讨论工作中的关键议题。非正式的沟通，例如，一对一的谈心、聚餐、团建、与他人联络感情的私下会面等，则可以选择相对轻松的非正式环境，比如，咖啡厅、餐厅、运动场、卡拉OK厅等，这样的环境会让沟通双方心情放松、交流更坦诚直率，谈话的效果也会更好。

教练辅导最好找一个非正式的宽松环境，让双方有足够的安全感、舒适感，有助于进行深度对话。

例如，史蒂夫·乔布斯在他的自传中提到，他喜欢把长时间的散步当作与人沟通的好机会。领英公司则喜欢采用散步式会议：在加利福尼亚总部，人们一边绕着大楼散步，一边开一场20到25分钟的会议。

3. 恰当的方式

选择恰当的沟通方式会让沟通双方感到放松、舒服、愉悦。在中国，我们日常使用最频繁的是微信、腾讯会议、QQ、钉钉、邮件等，每一种沟通方式都有各自的优缺点，需要根据目的和情形进行恰当的选择。

简而言之，人们常说"见面三分情"，重要的事情能见面最好见面沟通，尤其是拜访客户、与上司沟通等重要事情，见面是一种全息沟通，也体现了双方的重视。

4.4 管理沟通中的"说、听、读、写"

4.4.1 沟通的四种基本类型

沟通有四种基本类型，即我们常说的"说、听、读、写"。但在组织中一般比较重视"说、听"，对于"读、写"重视不足，尤其是管理者，这就导致大型组织中的沟通低效，缺少知识沉淀和持续性。

最近几年，美团等很多公司都在放弃传统的PPT汇报，学习《亚马逊逆向工作法》的"六页纸会议法"，会议流程如下：第一步，给每一位与会者发放事先精心准备的叙述体文本，六页纸备忘录，请他们认真阅读备忘录。这个时间大概是20分钟。第二步，陈述者开始陈述自己的问题。这里需要注意的是不要重述备忘录的内容，而要直接提出自己想要的反馈是什么，是希望大家给出问题建议，还是要得到大家的认同。第三步，开始讨论。与会者开始向陈述者提问，陈述者回答。过程中与会者可以在文本稿上记录，反馈想法。这一做法大大提高了与会者的主动性和参与感，提高了会议的效率。这里的关键是提前准备的"六页纸"研讨内容，这就需要管理者有较好的文字表达能力。

接下来，我们会按照顺序来解析"说、听、读、写"这四个方面。

在日常工作和生活中，排在第一位的表达是"说"。这是领导者和营销人员日常工作中最重要的影响他人的工具之一。让表达展现出有情、有理、有观点、有逻辑和简明扼要，可以显著提高表达的有效性。

第二是倾听。如果你仔细观察那些成功的领导者，不难发现，他们往往都是善于倾听的高手。他们在沟通过程中，总是注意倾听他人的发言，还不时给予点赞和鼓舞。例如，有一次，我参加了一个为期一天的集团会议，有大概十多位二级单位的领导汇报和交流工作，在8个小时的议程中，董事长大概有7.5个小时都在倾听和做笔记，只用最后约30分钟做了总结发言。但他在总结发言时，将之前7.5个小时中十多位管理人员陈述的要点都提炼了出来，并进行分类点评和反馈，让每个人都感到自己的心声被听见了，大家在全天的会议中都很投入。这就是倾听的重要性。在管理者的日常工作中，倾听既是获取信息、集思广益的关键，也是体现尊重、激发他人的重要方式。

第三是阅读，包括看书、看文件、看邮件、看微信、看工作总结、看报纸杂志和浏览网站等，这是主动和快速获取信息的关键。在今天这个信息爆炸的时代，每个人都活在自己经常看世界的视角和信息茧房中。如何客观地识别有价值的书籍、文章和知识，快速阅读、获取高质量的关键信息，形成批判性思维，是正确认识世界和不迷失的关键。

第四是写作，写作是一种书面表达方式，涉及范围比较广，包括写计划、写总结、写报告、写邮件、编微信、写诗歌、写小说，等等。有一种观点，说"想就像是空气，看不见摸不着；说就像是水，看得见但抓不住；写就像是固体，看得见摸得着"。有的人喜欢说，不喜欢写；有的人喜欢写，不喜欢说。说相对容易、随意和充满感情，这是社交型特质的人偏好的。但写就很不一样，需要有明确的观点、清晰的逻辑、有力的论据、美妙的文采等，需要较长时间的刻意练习才能达到一定水平。一般来说，左脑型理工科思维的人喜欢使用文字写作沟通。尤其是在现在微信、微博、推特等即时通信发达的时代，50~150字的短文字沟通已经成为主流，"迅速、简洁、清晰、高效"是马斯克等很多领导者喜欢的沟通方式。

4.4.2 演讲的 SUCCESS 模型

演讲是现代社会正式组织很重要的沟通形式。比如，在新年工作动员会上,领导者需要通过演讲说服大家树立新的使命、愿景和价值观,明确新一年的工作目标和计划;各种学术论坛、商业论坛的演讲;拜访客户时,需要向客户介绍公司或者产品;学校的开学、毕业典礼也有领导和同学代表讲话。例如,乔布斯 2005 年在斯坦福大学毕业典礼上的演讲和任正非先生在华为公司面临危机时的多次动员讲话,都堪称企业界的经典,建议读者参考这些经典的演讲来学习接下来我要介绍的这个 SUCCESS 模型。

如何才能在 10 分钟左右的时间内将自己的想法表述清楚呢?

演讲 SUCCESS 模型就是这样一套有关沟通的实操法则。"SUCCESS"是由七个英文单词的首字母组成的,这七个单词分别是:Simplicity(简洁)、Un-expected(意外惊喜的)、Clarity(清晰)、Credibility(可信)、Emotion(情感)、Story(故事)、Structure(结构),如图 4-9 所示。

图 4-9　演讲的 SUCCESS 模型

1. Simplicity(简洁)

苹果公司成功的一个关键理念就是"简洁"。在《苹果故事:乔布斯的简洁之道》一书中,乔布斯认为"在这个错综复杂的世界中,只有简洁才能脱颖而出，才能达到独一无二的高度"。对乔布斯来说，简洁是一种信仰，但同时也是一种武器——这种武器让他能够狠狠地教训那些曾经以为自己不可战胜的竞争对手。

乔布斯 2005 年在斯坦福大学毕业典礼上的演讲一开场就说，"今天我要向你们讲述我人生中的三个故事，不是大道理，只是三个小故事"，让听众一下子就知道接下来的演讲逻辑是什么。这就是简洁的力量。

2. Un-expected（意外惊喜的）

如今，人们每天都接收很多信息，甚至对听演讲和讲座这样的较深度学习，很多人已经产生了审美疲劳。如何吸引和激发人们的参与感就需要一些意外惊喜，让人们感到又有一些自己不知道或者颠覆认知的新颖观点，这个演讲值得一听。

有一次，一位集团公司总裁在某论坛上的演讲让我至今记忆犹新，他上台的第一句话是："我今天讲的观点，可能只有三分正确，甚至还不到三分，因为我的知识来自实践，和在座的各位学者不太一样。"这就引发了大家的好奇，这位演讲嘉宾的观点到底有哪些不一样。因为，一般上台演讲的人都对自己的观点自信满满，只有他以"我的观点最多只有三分正确"开头，和其他演讲者完全不一样，让人感到他很坦率、很有趣，于是很快抓住了大家的注意力。另外，这种谦虚的开场白也能拉近演讲者与听众的距离。

乔布斯演讲的第一个故事是："我在里德学院（Reed College）读了六个月之后便退学了，但是又在校园里旁听了十八个月左右，才真正离开。我为什么要退学呢？"这就让年轻的斯坦福大学同学们有点意外，原来伟大的乔布斯的大学生活与我们想象的不一样！

3. Clarity（清晰）

清晰是指表达的内容要结构化、条理化、概念化、简洁明了，这里可以参考金字塔原理对内容进行有序组织。首先，明确沟通的主题；其次，阐述这个主题下自己的几个相关观点；再次，为每个观点找到相应的几点有力论据；最后，辅以案例和数据论证。

结构化内容的典型例子就是图书的目录，每一本书都有章、节，甚至更多层级的标题，这就是一种结构化的知识表达。从人类大脑神经的生理功能来看，左脑主要负责信息交换、理性分析、逻辑思考等，右脑主要处理与情感、艺术、创造力相关的事务。我们需要充分运用自己的左脑来构建条理化的思考方式，构建一、二、三、四层次分明的逻辑，充分运用自己的右脑来为每个层级填充丰富的情感故事。在工作中，大家经常使用的思维导图就是一种清晰高效的表达方式。

4. Credibility（可信）

沟通的关键是让人相信、感觉可靠，只有可信，才能沟通。赢得他人信任是一种重要的能力，也是一种重要的意识和态度，这要求我们诚实、开放、实事求是、用数据说话、言行一致。人们只有相信你这个人，才会相信你说的话。

5. Emotion（情感）

情感联结是一种化学反应。在沟通过程中，激发对方的愉悦情绪体验很重要。通过与对方的眼神交流、手势互动等，激发对方的情绪和参与，建立共鸣。

6. Story（故事）

成功的领导者都是讲故事的高手，前面提到的乔布斯2005年在斯坦福大学毕业典礼上讲的三个故事就是经典。我们从小就听家长、老师、前辈讲各种做人做事的道理，道理我们都懂。成功的道理是一样的，但成功的故事却是不同的。听道理就像吃药片，高度浓缩、药效极佳，但如果没有水的稀释，道理可能很难吸收，而讲故事就像把药片的效力稀释，让人容易接受和消化。药片的效果是否好，不仅在药力本身，更在于能否被吸收。

7. Structure（结构）

一场好的演讲，其结构应该像一根鱼骨，有鱼头、鱼身、鱼尾三部分，鱼身部分又有若干鱼刺，这些一并构成了演讲的饱满结构，也容易在听众的头脑中构建一幅画面，便于理解和记忆，如图 4-10 所示。

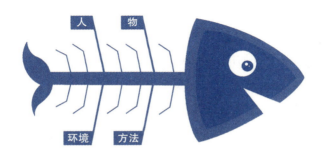

图 4-10　演讲的鱼骨结构

SUCCESS 模型为我们描述了演讲的七个基本要素，再加上临场时情绪饱满的表现，就能激发听众的兴趣，产生意想不到的影响力。

4.4.3　3F 倾听模型

我们先来看一个小案例：

2019 年，美国 CNBC 网站上的一篇文章称，苹果公司前首席执行官约翰·斯卡利认为，助力乔布斯成为一位成功商业领袖的人际关系技巧就是善于倾听。

但是这种能力并不是乔布斯生来就有的，相反，乔布斯花了 12 年，甚至一度被迫离开了苹果公司，才最终学会了"倾听"这项技能。

1985年，乔布斯因与前盟友斯卡利和苹果董事会成员在公司战略方向上发生冲突而辞职，这一年他27岁。在之后的12年里，乔布斯创立了另一家电脑软件公司NeXT。1997年，乔布斯重返苹果公司。

斯卡利将这两个时期的乔布斯称为1.0版乔布斯和2.0版乔布斯。"1.0版的乔布斯坚定、有野心，但2.0版的乔布斯更成熟，更愿意倾听别人的意见。"

"史蒂夫很聪明，他甚至预见到了20年后的世界会是什么样子。他是如此有魅力，以至于他说服了自己，并且也总是能说服其他人，他总是对的。"斯卡利说，"但年轻的史蒂夫·乔布斯不像几年后回来的乔布斯那样善于倾听，倾听为他提供了一种新的思维方式。"

在乔布斯重返苹果后的几年里，因为有他在，苹果公司几次从破产的边缘"起死回生"。

有人说："我们长着两只耳朵和一张嘴，就是在提醒我们要多听少说。"我们对于"说"有天然的兴趣和认识，但对于"听"的重要性和能力培养，却远远不足。乔布斯的成长和成功，在某种意义上就是学会了从"说"到"听"的转型。

在现实生活中，领导者总是站在聚光灯下，掌握着话语权，下属总是被动地"听"和执行，缺乏主动性和参与感。但卓越的领导者常常有意减少"说"的机会和时间，增加"听"的机会和时间。真诚的倾听，可以表达你对他人的尊重和包容，可以激发参与感，实现团队中群策群力、集思广益、兼听则明。

那么，有什么好的倾听方法呢？3F模型是国际上一个流行的倾听工具，3F代表三个英文单词的首字母：Facts（事实）、Feeling（感受）和Focus（意图），如图4-11所示。

1. Facts（事实）

Facts是指在沟通中你倾听到的对方传递的客观信息和事实。

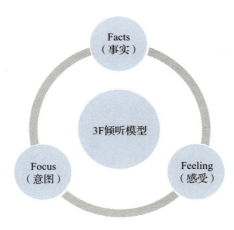

图 4-11　3F 倾听模型

2. Feeling（感受）

Feeling 是指在倾听之后，你产生的情绪感受和体验，包括愉快、愤怒、悲伤等。

3. Focus（意图）

Focus 是你理解到的对方的沟通意图和目的。

3F 倾听模型代表了倾听的三个层次，难度层层递进。第一是"事实"，能够以空杯心态倾听对方陈述事实，本身就不是一件容易的事情。一个经常用来验证一个人的倾听能力的方法是"请复述对方刚才讲的话"，哪怕只是1~2分钟的讲话，很多人也难以复述清楚，还经常记错或歪曲了对方所讲的事实。第二是"感受"对方的态度和情绪浓度，有的人天生就是"情感的音盲"，情绪感受迟钝，常常听不出对方的抱怨、不耐烦。第三是"意图"，有的是清楚表达出来的，还有的是"言外之意"，这就需要一点悟性和联想。

你可以用这个模型去观察身边的会议、对话，看看谁的"3F 倾听"做得比较好。

4.4.4 阅读

据马斯克的哥哥卡姆巴·马斯克（Kimbal Musk）介绍说，从十几岁开始，马斯克每天会阅读两本书，阅读范围涉及科幻小说、哲学、宗教、编程，以及科学家、工程师和企业家的传记。随着年龄的增长和职业兴趣的变化，阅读领域又扩展到物理、工程、产品设计、商业、技术和能源等方面。有人称马斯克为"现代博学者"。超级阅读能力是马斯克能够看准商业和科技趋势与机会的关键，也是培养他的使命感和自信心的关键。

我们常说"读万卷书，行万里路，阅人无数"。阅读实际上是一个广义的概念，不仅仅是看有字之书，还有无字之书。现在，中小学越来越重视阅读训练，包括对各类名著的深度阅读与知识考查，中国的《红楼梦》《三国演义》《水浒传》《西游记》《平凡的世界》等，以及外国的《战争与和平》《巴黎圣母院》《复活》《老人与海》《人类群星闪耀时》《小王子》等，能极大地拓宽我们的视野，从历史、人文等多个角度帮助我们了解人类发展历程，从而更深刻地了解社会、了解人性、了解商业。阅读是一种能跨越时空、间接对话智者的重要方式，是一种主动学习和沟通，能极大地丰富我们的知识体系和人生阅历。

在组织内部，商务沟通中的阅读主要有以下几种类型。

1. 邮件

在互联网时代，邮件是一种常用的沟通方式，管理者每天都要通过大量的邮件与各方面保持联系、沟通。及时阅读、准确理解和迅速有效的回复在很大程度上决定了沟通的有效性。

据报道，苹果CEO蒂姆·库克（Tim Cook）每天凌晨3:45起床，起床后不久就会进入工作状态，查看自己的邮箱，处理收到的邮件。他每天会收到七八百封电子邮件，绝大部分都会亲自处理。

2. 微信

在中国，微信（包括企业微信）是日常使用最多的沟通工具，非常便捷。微信有多种交流方式，如文字、语音、视频等，阅读针对的主要是文字信息。通过微信发出的信息字数较少，一般只有几十个字，最多的也就650个字，所以，微信便于传递明确、简短、清晰的信息。比如，告知一个简单的消息、通知开会、预约会面、提示工作等，但不太适合做复杂的沟通。微信沟通是为了便捷，所以沟通时尽量把要点写清楚，避免来回确认造成更大的麻烦。

如果遇到的是复杂、模糊、需要探讨的问题，或是不那么明确的信息，单纯使用微信文字沟通的效果可能不太好，使用电话或者会面的方式会更合适。

利用微信方式进行沟通，还存在一个问题——对方很可能没有及时查看。如果对方每天接到的信息很多，你的信息很容易就会沉底，有可能被错过，这是文字表达的一个局限性。

3. 工作文件

企业日常比较重要的文件包括领导讲话、工作计划、项目方案、工作总结、绩效考核、宣传文稿、制度流程、企业文化手册等。

一个好的管理者，必须高度重视阅读，重视文字传播和信息获取，尤其要善于从工作文件中看到重点、难点、关键点和风险点。

4.4.5 写作

写作是一种高级的沟通能力，要求有思想、有观点、有见识、有逻辑、有文采。会说不等于会写。有些人能言善辩，但当你让他写一点东西时，他就露馅了。

写作的重要性在与日俱增。在社会公众层面，近些年，新媒体发展迅速，每个人都可以通过自己的微博、微信公众号、视频号、抖音、快手、B站、小红书等发声，很多网络大V因此崛起。那些阅读量"10万+"的文章，往往标题、观点、内容、故事、表达都极具感染力，引得用户纷纷点赞、转发，可以说这些作者是深谙人性的！

无论在高校还是组织内部，也不论是管理者还是员工、学生，写作的机会都越来越多。

写作的前提是大量的阅读。人们常说："熟读唐诗三百首，不会作诗也会吟"，对写作而言，这个说法也非常适用。

写作训练首先是严谨的思维训练。在哈佛大学，写作课是所有学生的必修课。哈佛大学写作系主任、人类学家詹姆斯·赫伦（James Herron）博士认为："培养一个具有批判性思维的人，一直是美式教育最核心的目标，完善的写作训练是实现这一目标最有效的方式。"哈佛教育的目的并不是让学生掌握机械化的知识，而是让学生用明辨的头脑去思考问题。因此，哈佛大学对学生的各种写作训练，比如如何就一个空泛的话题正确地提出问题，如何找到强有力的论据证明问题，如何清晰有效地和他人沟通、表达出自己的观点等，最终是为了培养一种具有理性精神的思维能力。

为了提高学生的写作沟通能力，2017年5月，时任清华校长邱勇宣布面向2018级新生开设《写作与沟通》课程。到2021年春季学期，写作中心25名专职教师和8名院系教师开设了43个不同主题的108个小班课堂，极大地促进了学生写作沟通能力的提升。该课程定位为非文学写作，偏向于逻辑性写作或说理写作，希望通过高挑战度的小班训练，显著提升学生的写作表达能力、提高沟通交流能力、培养逻辑思维和批判性思维。最近，越来越多的院校也在陆续开设相关课程，提高学生的阅读与写作能力。

商务中的写作主要有以下几种类型。一是工作计划，包括年度计划、季度计划和月度计划等；二是工作总结，包括年度总结、季度总结、月度总结和项目总结等；三是领导讲话和工作汇报，包括给客户的汇报、给领导的汇报、给监管部门的汇报等；四是其他写作内容，包括日常工作沟通的邮件、传真等。

此外，很多大企业都有内部创业项目，每当公司需要开发新的项目、开展新业务时，都需要写商业计划书。一份好的商业计划书或项目计划应该有什么样的结构呢？

商业计划书的开篇是一份摘要，可以让读者通过简短的摘要快速了解项目的基本信息、项目亮点，引发读者的兴趣。接下来的正文大体分为10个部分。

第一，市场分析。分析现实和潜在的市场需求、客户痛点、想要解决的问题，以及需求的规模、成长性、紧迫程度等。

第二，技术优势和产品优势分析。分析技术和产品在解决市场需求和痛点方面的优势、领先性、技术壁垒、专利等。

第三，竞争分析。对现有市场的竞争者进行比较，明确比较优势。要分析清楚产品或技术在国内外是否有竞争对手，如果有的话，你的产品优势在哪里，是技术更先进、性能指标更好，还是成本更低、服务更好等，还是两方面都有显著优势。

第四，商业模式。阐述这个项目是如何创造价值、交付加值、收获价值的，也即项目是如何赚钱的？

第五，战略规划。如果这个项目之前已经打下了很好的基础，是一个有前景的项目，那么说明未来的三五年内，你的战略目标是什么，竞争策略是什么，如何建立竞争优势，建立壁垒和护城河，如何整合和利用资源，这些是战略上的规划和长远的全局性安排。

第六，营销规划。明确你的客户是谁，如何获取客户，是直销方式还是分销方式。在 4P 理论的框架下又该如何定价，你的产品、定价、渠道和促销策略是什么。

第七，运营计划。介绍你准备如何生产，如何满足大规模快速增长的需求，又该如何保证产品品质，保证能够按时把货物生产出来并顺利交付出去。比如，美团外卖的交付就做得非常好，每天数千万单，都能够做到及时、迅速、准确送达，并且风雨无阻。

第八，人力资源和团队。任何新项目的成功都离不开一支核心团队，核心团队创业意愿的强弱、经验的多少、有无奋斗精神、创新能力如何、学习能力强不强，在很大程度决定着项目的成败。因此，需要考虑未来 1～3 年需要新增多少人力，需要什么样的人，可以从哪里招募团队，以及对团队的激励计划等。

第九，财务和融资。针对这个商业机会，说明需要筹集多少资金才能启动项目，在未来 3～5 年的快速成长过程中，如果发展顺利，还需要追加多少资金。这些资金是从银行贷款获取，还是从风险投资机构获取，还是自我造血，如果对外融资，你愿意出让多少股权？未来三五年的预计收入、预计增长率、预计利润率，以及其他财务指标是否健康，可能的风险有哪些等。

第十，风险管理。如果项目存在风险，说清楚风险可能来自何处，来自市场需求、竞争对手，还是来自内部的产品开发、供应链管理、关键人才等。针对这些风险，你有哪些预警机制，这些都需要让投资人和高管清楚地知晓。

以上就是一篇商业计划书的基本结构，但这只是写作框架，要想让方案更有说服力，还需要非常翔实的数据支持，包括市场调查、竞争分析、技术专利和权威部门认可等。

总之，写作是一种高级能力，是一种重要的正式沟通方式，是各级领导者综合能力的重要体现。

小 结

本课从四个方面帮助大家理解管理沟通的要义：第一，管理的关键是沟通；第二，管理沟通的五大要素；第三，管理沟通的四项基本原则；第四，管理沟通的四种基本类型——说、听、读、写。

管理沟通是一门系统性、复杂性和实践性很强的学问，本文只是抛砖引玉给大家一些启发。如果要深入、系统地学习，还需要阅读更多专业书籍，并且在每天的工作和生活中实践与积累，通过1万小时的刻意练习才能有显著提升。

5

第 5 课

人力资源管理

　　企业竞争，归根结底是人才的竞争，曾经带领两家央企进入世界 500 强的宋志平先生在《企业迷思》一书中提道："知人善用是企业成功的关键。实践告诉我们，企业经营不善往往和用人失误有关。"

　　那么，如何才能找对人、用好人？本课从两个方面介绍人力资源管理的基本决策逻辑：一是介绍人力资源管理的基本认知与相关常识，二是介绍企业选人、用人、培养人与发展人等实践活动背后的逻辑。

——王雪莉

（清华大学经济管理学院长聘副教授）

5.1 认识人力资源管理

5.1.1 组织成败，关键在人

关于人力资源管理，有很多种表述，其中一种是："人力资源是组织成功或失败的关键。"在实践中，这个表述可能经常受到质疑。质疑者不是认为人力资源不重要，而是认为在影响组织成败的众多因素中，资源、时机、创新等因素对组织成败的影响更大。

但在我看来，组织成败，关键在人。对组织而言，资源、时机、创新都很重要，但必须看到的是，无论是资源的获取、变现，还是时机的选择、掌握，抑或是创新的发现、实施，都需要依靠人来实现。所以，人力资源对任何一个组织来说都具有重要的意义。

我们经常会听到一些著名的企业高管说："即使我的企业突发变故，什么东西都不剩下，但只要我的团队还在，就能东山再起。"在今天互联网经济的大背景下，一些新兴企业的业务成长与发展势头迅猛，他们也承认：这种业务的高速发展，不仅仅要依靠技术的驱动，更重要的是要依赖人力资源对业务的支撑和开拓作用。所以，不管是在如今这个时代，还是在传统的环境下，对组织来说人力资源都是至关重要的。

值得注意的是，我们认为"人力资源"是组织成功或失败的关键，而不是"人力资源管理"是组织成功或失败的关键。因为对一个高管来说，每一项管理职能都是非常重要的，如果把人力资源管理放到至高无上的位置，可能会忽视其他职能管理的重要性。对很多高管来说，这的确是一个难以选择的问题，但仍不得不承认，对人力资源的重视是高管认知逻辑的一个重要组成部分。

5.1.2 什么是人力资本

在人力资源管理的基本认知中，我们经常会考虑：人力资源为什么有价值？

在实践中，我们经常会听到一个概念——人力资本。在我看来这个概念并不是一个噱头，而是真实地反映了人力资源的核心特征。人力资本这个概念来自经济学领域，提出这个概念就是为了测度不同领域、不同区域中的人力资源水平。之所以说它反映了人力资源的核心特征，就是因为"资本"这个概念，反映了人力资源独特的性质。

提到资本，我们脑海中浮现的第一个词就是资本回报率。在人力资源概念中，我们特别强调人力资源价值是要可衡量的，对组织而言，就是要从回报的角度做一个考量。

当我们看到资本这个词的时候，还有一个概念会浮现出来，就是资本成本。人力资本的成本指的是组织为人力资源付出的相应成本。我们可以看到，上市公司被要求在年报中披露它们在人力资源上的投入，包括工资、薪酬、福利、奖惩等一系列成本，把它们看作资本成本和把它们看成普通人工成本，实质是不一样的。因为看成资本成本更强调的是资本的回报能不能大于资本的成本，而如果看成普通人工成本，我们更多想到的是降低成本，所以人力资本这个概念，无论是从回报端，还是从成本端，都更加准确地反映了人力资源的价值属性。

我们知道，资本本身又是需要进行投资的。所以大家可能听过这样一种说法：资本、资本，以资为本。任何一家企业，在考虑人力资源的这种资本属性时，除了考虑成本和收益之外，资本的以资为本，体现为当企业遇到困难时，很多企业会选择通过变卖资产以求渡过难关的策略，但是没有企业会卖掉自己的资本，因为资本是东山再起的基础。当然，我们并不是说所有的人力资源都是资本，而是站在组织的角度，对于那些具有价值的人力资源应该从资本角度来加以考量。

资本的另一个特征也和人力资源非常相似，那就是资本的高风险性。我们常说高投入、高风险、高回报。在人力资源的培养过程中，企业对人力资源的所有投入就是对资本的一种投资，而这种投资能不能带来回报是存在不确定性的。一个员工，如果得到了很多培养和锻炼，可能成为一个真正具有价值的人力资源，但是如果他离开了培养他的公司，就成了公司的一种损失，因而这项投资是有风险的。

所以，人力资本这个经济学概念反映了人力资源独有的特征。

5.1.3 人性假设

上一节我们谈完了人力资源的核心——人力资本，本节我们来学习一下人力资源管理的基础假设——人性假设。

大家对于人性假设或多或少都会有一些认知，比如常见的X理论、社会人假设、自我实现人假设，以及中国传统文化中的性恶论、性善论等。表5-1列示了西方管理理论和中国古代思想关于人性假设的理论。

表 5-1 人性假设理论列示

西方管理理论	X理论	社会人假设	自我实现人假设	复杂人假设（超Y理论）
提出者	麦格里戈	梅奥	马斯洛	沙因
提出时间	1960年	1933年	1943年	1970年
中国古代思想	性恶论	性善论	尽性主义	流水人性
内涵	目好色，耳好听，口好味，心好利，骨体肤理好愉佚（荀子）	恻隐之心、羞恶之心、辞让之心、是非之心（孟子）	把各人的天赋良能发挥到十分圆满，人人可以自立（梁启超）	性犹湍水也，决诸东方则东流，决诸西方则西流。人性之无分于善不善也，犹水之无分于东西也（告子）

仔细对照这张表格，我们会惊奇地发现，西方的人性假设大多于20世纪提出，即便是承袭自亚当·斯密《国富论》的经济人假设，也仅追溯至18世纪，而我国古代思想家对于人性的判断要早得多，可以追溯到春秋战国时期。有趣的是，虽然相隔千年，它们却有异曲同工之处。

1. 人性假设是所有管理活动的基础

我们之所以想让管理者先来认识人性假设，是因为人性假设是组织内部所有管理活动的基础。组织中，管理者用什么方式来管理人，用什么方式来运营企业，背后都需要人性假设作为支撑。

举一个大家司空见惯的例子，企业员工都有领取办公用品的权利，如何去领，不同的企业有不同的方式。我曾经在课堂上调查过学员企业中领取办公用品的程序和手续，发现这么简单的一件事情，居然可以有十几种不同的执行办法。从这些不同领取方式中，我们就可以看出企业所采纳的人性假设的差异。

比如，有的企业规定，各部门必须按照编制的办公用品预算进行支取。企业各部门定期向行政部门或办公用品采购部门申请相应的办公用品用量，统一领回后放在本部门一个专门的公用柜子里，员工需要领用时，直接从柜子里领取并在柜旁的表格上登记签字就可以了。

也有的企业规定，员工领取办公用品，必须首先在办公自动化系统（简称"OA 系统"，即 Office Automation System）中填写办公用品申领单，然后由部门领导审批。部门领导批准通过之后，这份申请单还要从系统中传送给行政部门或者办公用品采购部门，行政部门或者办公用品采购部门得衡量一下拟领用的办公用品是不是属于公司允许的采购和领取范围，以及金额有没有超过部门和个人预算。所有这些审核都结束后，才会向申领人发一封邮件或通知，表示申请已得到批准，可以在什么时间、什么地方领取办公用品。

在前一种方式下，我们能够很明显地看到组织首先是对员工持信任态度的，它相信每个人领取办公用品都不是出于私利，而是出于工作的实际需要，所以就采用了一种更为开放的方式。这种人性假设就是非常典型的**自我实现人假设**。在后一种领取方式下，组织认为哪怕是领取办公用品，也应当有严格的规范、流程和控制。如果不采用这样的方式，就可能有人滥用公司的资源满足私利。这种人性假设符合 X 理论。

即便在这样小的一个企业活动中，都可以体现人性假设，更不用说在企业其他复杂的管理活动中了，可以说人性假设是管理决策的基础。

2. 人性假设没有好坏，只有是否匹配

人性假设到底有没有所谓的好坏之分呢？其实对人性假设来说，我们几乎不会说哪一种人性假设是"好"的，因为"好"这个词太模糊了。在管理中我们主要考虑是否能实现两个"匹配"。

第一个匹配指的是组织中不同管理活动背后的人性假设需要保持一致。在企业中，如果其中一部分管理政策是基于"性善"假设的，而另一部分管理政策又是基于"性恶"假设的话，那么组织管理传递出的信号往往是混乱的，人们也会出现茫然不知所措的情况。更有甚者，还可能会出现因为个别人的错误，公司制定出惩罚所有人的政策的情况，这会使很多人伤心失望，认为这个组织不是他们所期待的组织，从而产生离心力。

第二个匹配体现为管理者和员工之间的人性假设应该是一致的。当管理者和员工之间的人性假设呈现出和谐匹配的状态时，管理的成本是最低的。

比如，如果管理者认为，员工是懒惰的、厌恶工作的，不给予相应的惩罚和鞭策，没有监督和控制，员工一定会逮着机会就偷懒。在这种情况下，想要刺激员工工作，就要给予高额的薪酬和物质激励。此时，管理者秉持的就是经济人假设。这时候，如果员工表现出来的也的确如管理者所料，一有机会就找个地方歇着，或者出工不出力，那么管理者所制定的管理政策和采用的领导方式就会和员工呈现的人性假设表征高度匹配。在这种情况下，没有人会不开心，因为组织和员工是基于同样的人性假设来进行活动的。

但如果管理者采用的是经济人假设，而员工呈现出的行为特征却是主

动工作、愿意迎接挑战、愿意通过工作实现自己的职业价值和人生价值的话，管理者和员工之间就会存在巨大的情感冲突和管理冲突，就会造成不匹配，进而加大公司内部的管理成本。当然也更容易产生离职现象和相应的组织文化问题。

同样地，如果管理者采用的是自我实现人假设，但员工的表现是：不愿意工作，工作只是为了谋生和获得经济报酬，与人生目标、职业价值无关。管理者就会经常面临困惑：我相信员工工作是为了迎接挑战，我也愿意给员工创造挑战的机会，但员工的表现总是让人失望，员工辜负了我的信任。管理者就会经常感到气愤，甚至有一种挫败感。

3. 人性假设不匹配时，怎么办？

管理者常常会面临这样的问题：当人性假设不匹配时该怎么办？

看起来方法很简单：随机应变，如果员工是经济人，就把员工当作经济人来管理；如果员工是自我实现者，就把员工当作自我实现者来管理。有效吗？非常有效。但是管理者快乐吗？一定不快乐。因为这和他自身所持有的人性假设之间是存在巨大分歧和冲突的，即使新的方式行之有效，他也会慢慢质疑：是不是现代人都是这样？难道我的人性假设在根本上是错误的吗？其实，这对管理者来讲是一个非常大的认知考验。

所以关于人性假设，我们还有一个说法，就是人性假设是动态的。这种动态主要体现在组织的管理逻辑中。有的企业一开始一团和睦，管理者信任员工，员工也非常依赖管理者，但是随着管理活动的深入，彼此互相了解之后，可能会发现人性假设之间存在着巨大冲突，组织运作过程中就会出现所谓"道高一尺魔高一丈，魔高一尺道高一丈"的相互博弈的局面，可能还会伴随一个群体处于巨大弱势，甚至是群体流失的发生。

在对人性假设的认识问题上，我建议管理者更多地想一想自己的人性假设是什么，以及如何判断员工的人性假设。很多时候不应该仅以一己之心去揣度整个员工群体的认识和表现。同时也要考虑，如果管理者的判断与员工真正呈现出的行为出现不一致的时候，管理者是愿意坚守自己的人性假设，换员工，还是愿意用与员工相衬的人性假设管理方式来管理这支队伍。无论选择哪一种，都不会是一条容易的路，而且实施过程中管理者还将面临巨大的心理压力。

人性假设，不仅仅是人力资源管理中的重要认知，也是组织管理活动中的一个非常重要的认知，对于它的深入认识会带来很多其他相关的决策和选择。

5.1.4 人力资源管理的目标

人力资源管理应该达到什么目标？从短期来看，人力资源做得好有句口诀，"人得其事，事得其人，人尽其才，事尽其功"。从长期来看，人力资源需要成为组织的竞争优势。

1. 短期目标：人得其事，事得其人

找到合适的人来做他认可的事，充分发挥他的才能，最终达到令人基本满意的水平和程度，是短期人力资源管理的完美状态——人得其事，事得其人。

很多人认为这很简单，只不过是岗位分工和为岗位选择一个胜任的员工而已。实际上，要达到这样一种状态并不容易。"人得其事，事得其人"背后是人们愿意做什么、能够做什么，也就是说，你给员工的工作应该是他愿意接受并且能够胜任的。这与我们对管理的一般认知是不一样的。

我曾经观察过一个非常高效的团队，其中有两个成员的工作水平和工作难度与其他人不同。从旁观者的视角，我们会认为这两个人做的工作太低级了，和团队其他人一比，他们简直就是闲人。但即使这样，这个团队依然能高效运作。

但深入调查后才发现，这两个人做的事，是他们愿意做并且能做的事，这些事是团队工作中必须完成的事，又恰恰是这个团队中那些高水平、高技术含量的成员不愿意做的事。所以，在这个团队中，每个人都做好了自己的角色所要求的工作，从整体上来讲是和谐的，大家都没有怨言。请注意，我们不能把岗位设计中同一部门或者团队中的不同岗位理解成必须是同等水平和条件的。

"人得其事，事得其人"的结果是"人尽其才，事尽其功"，即组织中的每个成员都能发挥自己的才能，而每项工作都能得到当前条件下最好的成果。

2. 长期目标：人力资源成为组织的竞争优势

从长远来看，人力资源是完全能够成为组织的竞争优势的，这也是人力资源管理的长期目标，需要高管、人力资源部门和直线经理共同努力。

人力资源成为组织的竞争优势，最大的好处就是其难以模仿和难以替代。不过，要使人力资源成为组织的竞争优势，需要巨大的前期投入。这个投入不仅仅指钱，还有精力、关注度。

5.1.5 人力资源管理的基本原则

要做好人力资源管理，要遵循三项基本原则。

原则一：高管和直线经理都应参与到人力资源管理中。

"人力资源管理的成功，需要高管的参与，也需要直线经理承担责任。"看到这句话，很多高管会觉得这是理所当然的。因为在企业实践中，有相当一部分人力资源管理决策是需要高管做出的，比如薪酬决策、奖惩决策、晋升决策，等等。但很多直线经理却有可能不理解这句话，甚至产生怀疑。在很多直线经理看来，他们的责任就是把队伍带好、把工作做好，人力资源管理虽然与执行公司政策、带队伍有一定的相关性，但是他们没有相应的决策权，所以只是执行政策的一个主体，现在这份责任却落在他们身上，实在是不公平，真正应该承担责任的是人力资源部门。

实际上，无论是高管的认同，还是直线经理的质疑，都存在片面的地方。

"人力资源管理的成功需要高管的参与"，不是指高管需要做哪些常规工作，比如，高管在奖金分配单上签下自己的名字不叫"参与"。它指的是，在人力资源管理中，尤其是做决策时，高管需要明确表达对企业战略与文化的某种偏好或选择。如果高管对这些选择和偏好不明确表态，人力资源部门在制定政策时往往会无所适从，甚至陷入怎么做都会错的窘境。

举个例子。有一家强调军事化管理的企业，其创始高管是军人出身，退伍之后创办了这家企业，带领公司发展得很好。到第十个年头时，他开始推动企业进行二次创业。在二次创业的过程中，他学习了很多先进的管理方法和手段，比如，以360°绩效考核取代沿用多年的上对下考核方式，从上级、下级、同级和自我等多个维度对员工进行评价。他认为这种方式能从多个视角规范企业员工的行为和各级管理者的职业表现。但推行了一段时间后，360°绩效考核遭到员工的强烈抵触，大多数员工表示不适应、不理解、不支持。

这位高管认识到了对绩效管理体系进行改革的重要性，却忽略了一个问题：对一家重视军事化管理的企业来说，它的企业文化的核心就是强调纪律、服从、执行力。但360°绩效考核包含了上对下评价、下对上评价，以及同级之间的互相评价，这种考核方式在强调一切行动听指挥的文化环境中是很难发挥作用的。

在360°绩效考核制度实施9个月后，很多中高层管理者递交了离职申请，离职原因不是待遇不好，也不是竞争对手挖墙脚，而是在新制度下不知道该如何带队伍。

通过这个案例，我们可以看出，高管要做的决策不是采用哪种具体的管理方法，而是判断管理方法和企业文化、价值观是否匹配。如果我是这位高管，我会思考：在企业的二次创业中，以执行、服从、一切行动听指挥为核心的军队文化真的重要吗？能推动企业的未来发展吗？如果答案是肯定的，那么解决方案就显而易见了——放弃当前的绩效管理方式，回到原先使用的上对下考核方式。这一决策过程是需要高管参与的，也就是说，人力资源管理决策的基本方向是要由高管来把握的。

"人力资源管理的成功需要直线经理承担责任"，指的是直线经理是人力资源管理的第一责任人。

在人力资源领域有一句八字箴言，无论是学术界，还是管理实践界都非常认同，那就是"加入公司，离开领导"。这八个字指的是当一个人选择加入某家公司时，通常是被公司的声誉、形象、发展平台等所吸引，但决定离开一家公司时，其主要原因中往往包含对直接领导的领导风格和管理方式的不满。

直线经理是直接带队伍的人，员工们实际上是通过直线经理来品读企业的人力资源管理政策，品读企业文化和管理理念的。所以，在日常工作中，直线经理扮演的不只是带领员工把任务执行到位的角色，更起到了遵守组织管理制度的示范作用。从这个角度来说，直线经理是人力资源管理的第一责任人。

原则二：人力资源管理方式没有最好，只有适合。

如今，越来越多的企业管理者认识到人力资源管理是整个管理体系不能割裂的一部分。人力资源管理并不存在唯一正确的方式，它是与组织管理系统密切相关的。我们评价一家企业的人力资源管理，如果只观察了人力资源管理模块的方法和手段，就认为企业做得好或不好，是不严谨的。在了解了企业的人力资源管理体系后，还应该把它和组织的其他模块，比如营销模块、战略模块、财务模块等放在一起，看看人力资源管理体系是否与其他模块适配，是否也对组织的战略实现起到了促进作用。只有这样，才能判断这家企业的人力资源政策是不是有价值的、有效的。

所以，在人力资源管理中，我们很少谈论放之四海而皆准的人力资源管理方式。这也是在提醒管理者，在学习、借鉴其他企业的人力资源管理方法与手段时，要有清醒的思考：这种方式方法与自己企业的管理系统是不是匹配？

原则三：人力资源管理政策宜稳，不宜常变。

人力资源管理体系的变革成本非常高，所以，我们强调从一开始就要做对。如果后期再进行调整，往往要付出巨大的代价，因为人力资源管理的所有政策都关乎组织中每个人的利益，政策变革的转换成本很高。

从这个角度来说，人力资源管理政策要保持相对的稳定性。如果人力资源管理政策一直处于变化中，企业的人心很难稳定，员工无法全身心地投入工作，他们会经常处于纠结、选择、迷茫以及对不确定性的恐惧中。这种长期存在的消极心态，会给组织的领导力、生产力带来负面影响，尤其会影响员工的产出质量。

所以，人力资源政策的制定要审慎，人力资源政策的变革也要审慎。

5.1.6 三种用人模型

在人力资源管理中，最根本的管理决策是用人模型的选择。只要是组织中的管理者，即使不是高管，也需要了解组织的用人模型，以便为团队挑选最匹配的人才。

常用的人力资源管理用人模型有三种，分别是承诺模型、交易模型以及基于这两种基本模型的混合模型。

1. 承诺模型

承诺模型用人理念的核心是培养哲学，也就是我们常说的"make 哲学"。这种哲学观点认为，在组织中，人和组织之间是共同发展、共同成长的关系，组织的发展过程，也是人力资源培养的过程。

在这种观点下，组织用人通常会采用员工授权最大化的形式，按照组织的培养路径图来对员工进行培养。在外包选择时，只有非核心的工作才会外包，核心工作是绝对不会外包的。在行业或者产品市场突发波动时，一般会采用企业和员工共同承担的方式。相对来说，在使用承诺模型的企业中，雇用关系更为长远。当然，承诺模型并不等同于承诺终身雇用，它强调的是组织和员工共同成长。

如果一家企业在陷入行业低谷时，采取的是员工和管理者一起冻结加薪，或者同程度减薪，甚至管理者大幅减薪、员工小幅减薪的方式，表现出共渡难关的态势，我们就可以判断，这家企业采用的是承诺模型。

2. 交易模型

交易模型用人理念的核心是采购哲学，也就是所谓的"buy 哲学"。交易模型强调在劳动力市场上以交易方可以接受的价格采购需要的人力资源。在交易模型下，企业更愿意招聘那些"来之能战，战之能胜"的熟手。

交易模型的核心目标是通过保持最小化形态，获取最大的用人灵活性。强调的是缺什么人就去人力资源市场上找什么人。因此，我们经常看到企业去人力资源市场上有针对性地招募人才，比如，有的企业准备在资本市场上大展拳脚，就会招聘一位能够主管或分管资本运作的副总裁；有的企业可能面临着一些重大的法律变化，需要厘清治理结构或者相应的法律责任，就会去招聘法律顾问。

采用交易模型的企业会通过项目外包来完成一些基本职能。实际上，交易模型最早就是在制造业外包中出现的，但到了今天，不光是制造业，服务业甚至高端服务业也大量地采用交易模型。早期，外包的环节以生产、营销、基础财务管理和基础人力资源管理为主，但发展到现在，很多企业将研发也外包出去了。

交易模型不太注重长期共荣，更在乎工作导向、任务导向。这里需要指出的是，交易模型不是"葛朗台"模型，不是对人吝啬，只是不太倾向于花很长时间和很大精力（当然也包括冒很大风险）培养员工，更愿意用合适的价格直接把成熟的人才请回来。

秉持采购哲学的企业，在市场发生波动或遭遇行业低谷时，通常会选择裁员，以维持一支精益的员工队伍。如果某家企业业绩好的时候大幅度招人，业绩不好的时候马上裁员，我们就可以判断这家企业的用人模型是交易模型。

以上两种基本模型本身并无优劣好坏之分的，它们之间的核心差别在于组织的用人理念。

除了用人理念外，承诺模型和交易模型还有一些差异，我们将两种模型进行了详细的对比，如表5-2所示。

表5-2　承诺模型和交易模型的比较

项目	承诺模型	交易模型
用人理念	培养（make）哲学	采购（buy）哲学
目标	最大化员工授权、工作分配的灵活性	通过最小化"所有"形态最大化雇用的灵活性
人力资本开发责任	企业和员工共同承担	员工自己承担
外包选择	非核心工作	大量的外包和流动
雇用关系重点	长期、员工是企业运作的资源	短期、工作导向
产品市场波动的经济风险	共同承担	员工自己承担

采用承诺模型的组织对员工有培养的意愿，同时员工也会回报给组织以忠诚。因此，承诺模型可以造就一支忠诚的员工队伍，企业按照自己的培养路径和培养蓝图培养出来的员工，可以在多种岗位上进行调配和安排，而且员工和企业的情感联系非常紧密。

但这样一种看上去非常完美的模型在实践中却走向了混合，原因是承诺模型也有其缺点，尤其是在组织面临变革时，这些缺点会表现得更加明显。

比如，企业是按照已有的产业特点和管理经验培养员工的，当企业进入新的行业，需要进行管理变革时，将难以找到合适的人才。而且，原有的管理体系和管理基础越是厚重，就越会成为变革的障碍。这些企业在进行变革时，对一些技能跟不上企业发展的员工通常会做出一些调整，比如待岗、再培训重新上岗，甚至辞退。很多员工会怀着无限的悲伤对领导说："我在组织干了这么多年，没有功劳也有苦劳，没有苦劳还有勤劳。"其实，管理者在做出这种选择时，即使理性上认为决策是正确的，内心也有巨大的内疚感。所以，采用承诺模型的企业在变革时管理者往往会背负沉重的情感包袱，也会遇到种种障碍。

交易模型强调契约关系，强调你情我愿，不强调未来。能合作共事多久主要取决于员工能不能持续完成工作任务和创造价值。所以交易模型的情感负债很低，很多企业在变革环境下更倾向于选择交易模型。当然，交易模型也有缺点。在交易模型下，即使能保证招聘来的老手是"来之能战"的，你也不知道能与他合作多久。你会很担心竞争对手或者其他组织用更高的薪酬、更高的价值呈现把他挖走。所以，交易模型有时会让管理者失去安全感和稳定感。

3. 混合模型：两种基本模型的混合

因为承诺模型和交易模型各有利弊，因此很多企业会使用混合模型。

所谓混合模型，就是在企业的骨干或者核心员工层面采用承诺模型，而在一些临时性的、项目性的或边缘性的非价值岗位上采用交易模型，两种用人模型在一个企业中同时出现。

当然，虽然混合模型试图在一定程度上发挥两种基本模型的优点，规避其缺点，但现实往往并非完美，比如，在现实生活中，混合模型的管理成本更高。在很多企业中，如果采用了混合模型，组织内部会很自然地形成"你的""我的""他们""我们""老的""新的""合同的""市场的""体制内的""体制外的""正式的""临时的"等一些身份区隔，对不同身份的人，管理的方式和手段也不太一样，所以，组织内部会存在巨大的冲突和潜在的不公平感。虽然国家要求同岗同酬，但企业中会出现由于用人模型不同而同岗不同酬的现象。我们也会看到，由于用人模型的不同，组织要花大量的时间和精力进行冲突管理，以处理由于这两种模型导致的巨大认知差异带来的问题。从管理难度上看，组织选择混合模型，要面对的挑战比采用某种单一的用人模型更大。

对企业来说，最重要的是要明白自己的用人理念是什么，如果这一点是非常明确的，用人模型的选择就成了水到渠成的事。用人模型选定后，人力资源其他模块的管理逻辑也就非常简单了。

5.2 招聘

5.2.1 匹配性的选择

招聘是大家都很熟悉的人力资源管理环节，如果我们已经选好了用人模型，那么招聘只要做到两点就可以了：其一，考虑匹配性；其二，考虑"对的人"。

匹配性（Fit）是招聘过程中要重点考虑的因素。在人力资源管理中，有两种匹配性，一种是人与工作匹配（Person-Job Fit），另一种是人与组织匹配（Person-Organization Fit）。

人与工作匹配、人与组织匹配和前面提到的用人模型选择有什么不同，又有什么关联？

如果组织选择的是承诺模型，那很简单，招聘时只要人与组织匹配就可以了。因为这样的企业对"来之能战，战之能胜"的人没那么渴求，更偏好"孺子可教、可以和企业共同成长"的人。所以，组织更在乎的是这个人与组织的特征、素质、文化、价值观的匹配度。

如果组织采用的是交易模型，在招聘时，更重要的是考虑人与岗位、人与工作的匹配程度。招到的人能不能马上胜任岗位，应是组织选择时关注的重点。

选择不同的匹配性，意味着在招聘中要采用不同的甄选手段、测评技术。

在招聘市场上经常出现的一种现象是，为了保证招到的人符合要求，企业使用了大量甄选测评方法和手段，尤其是大型公司，测评更是繁复，但最终结果却并不令人满意。有些人力资源经理时常抱怨："对外招150人，我收到了近3000份简历，招聘时用的是人力资源领域最先进的测评方法。但把人选出来分配到各个部门后，很多部门的管理者却抱怨招的不是他们想要的人。"

他们采用的方法和技术可能的确是当前最科学的，但如果从用人模型的角度来看，就能发现问题的根源：没有使用与用人模型相匹配的方法与手段。也就说，如果企业采用的是承诺模型，那么甄选测评的方法与手段应该侧重于考察这个人与组织的匹配性。如果企业采用的是交易模型，使用的方法则应侧重于考察人与岗位的匹配性。如果不进行识别和区分，混在一起用，选出的人就不知道是与组织更匹配，还是与岗位更匹配了。

所以，对于匹配性的选择应该和用人模型紧密联系起来。

5.2.2 选择"对的人"：招聘要慢，解雇要快

选择"对的人"对企业来说也是至关重要的。

在当今新兴环境下，很多互联网公司和创业公司成长得非常快。我的一个学生加入了创业公司做人力资源管理，他对我说，他今年的任务是让公司员工规模从年初的100人发展到800人，但对如何完成这个指标他很

茫然。我问他："你能保证你招到的人都是对的人吗？"之所以这么问，是因为选择"对的人"这个管理逻辑源自心理学和行为科学的研究。

人的性格主要是由出生时携带的基因和 17 岁以前的成长环境决定的，而大多数组织招聘的都是成年人，成年人的性格在加入这个组织时已经基本确定下来了。如果招到的人不对，再对其进行改造，是很难的。而且，如果招到的人不合适，但对方因为组织有很好的前景和发展平台而拒不离开，那么，这对组织来说也是一个非常棘手的难题。

因此，对企业来说，最好从一开始就选择"对的人"，这样会极大地降低企业的人力成本，而且能为组织的人力资源打造一个更为健康的交互环境。

美国知名公司亚马逊有一个被很多人力资源管理者质疑的政策，叫作"Pay to Quit"（离职付薪）。根据这一政策，如果员工在加入公司的一年后，觉得自己不适合亚马逊，想要离开，亚马逊会付给他 2000 美元，如果是第二年想要离职，就再加 1000 美元。亚马逊之所以这么做，是因为如果员工觉得自己和组织不合适，他在工作中是很难高度投入的，所以亚马逊宁愿付给他钱，让他主动离开。这种"pay to quit"政策反映的就是对"对的人"的重视。

我比较推崇这样的理念：招聘要慢，解雇要快。

就我的那个学生的案例来看，比起完成人数指标，其实招到对的人更重要。哪怕没有完成 800 人的指标，只招到 300 个对的人，我也认为他是成功的。相反，即使在半年之内就完成了招聘指标，但是在后续工作中却发现有 400 个人是不合适的，这样的招聘也是失败的。因为这些人不仅会大量消耗公司的成本，而且会对那些真正适合公司的人造成巨大的负面影响。

这就是为什么我们要把选择"对的人"当成一个非常重要的管理逻辑。很多企业在招聘时，会邀请业务部门的管理者参与面试，但一些业务部门的管理者却认为"我面试的人，也不一定会到我的部门"，或者认为招聘只是人力资源部门的事，自己投入时间和精力不划算。但我建议，业务部门的管理者要更积极主动地参与到招聘面试中，因为他们比人力资源部门的招聘经理更明白，企业真正需要的是什么样的人，什么才是"对的人"。

5.3 绩效管理

5.3.1 了解绩效管理的"指挥棒"

在人力资源管理中，绩效管理可能是最难的一个模块。国内外的人力资源管理相关协会、咨询公司所做的各种行业调研报告都显示，很少有人对绩效管理体系是满意的。通常的情形是，高管不满意，中层管理者不满意，员工也不满意，甚至连人力资源部门经理都不满意。

绩效管理之所以难做，一个重要的原因是其中有一方对另一方提出要求的场景，在这样的场景中，被要求的一方有极强的心理弱势感，会感觉很不舒服，从这个角度来说，绩效管理在先天上就有一种让人不喜欢的"基因"。但有人可能会说，高管要通过绩效来了解组织的运行情况，保证组织的健康运行，难道他们也不喜欢绩效管理吗？实际上，很多高管对绩效管理体系的评价也是负面的，甚至有人认为"我们的绩效管理看上去非常完善，但是我觉得没什么用"。在他们看来，绩效管理体系没有发挥出预期的作用。

那么，究竟怎么才能做好绩效管理？

我们先来看看绩效管理的视角问题。在绩效管理中，一个重要的视角是被管理方视角，在这里我们用一个更加温和的词，叫绩效管理制度的解读视角。

对员工来说，读懂公司的绩效管理制度是很关键的。绩效管理制度可能是考评员工所在部门的，也可能是直接考评员工个人的。不管员工的角色是什么，总有绩效管理制度对其进行考核，比如，公司的部门经理有分解下来的部门绩效要求，公司的总经理也有董事会定下的绩效目标。

在解读视角下，最重要的是要了解绩效管理的"指挥棒"是什么。所谓"指挥棒"，指的是在组织给定的角色和既定的绩效管理制度下，要怎么做才能达到优秀，才能在绩效管理考核过程中得到最高等级。要搞清楚这个问题，需要员工认真解读相关制度，如果能读清楚、读明白，知道怎么做考核就能得"A+"，拿到最高的奖金，这说明公司制定的绩效管理制度至少是清晰明确的。

所以，绩效管理能起到行为引导和理念传递的作用。举个例子，在绩效管理中，我们经常会听到一种叫"同级评价"的概念。如果某个团队实行同级评价，那么该团队的基本假设一定是组织中更多的工作是靠个人完成的。因为同级评价一般会导致员工间形成竞争关系，这种竞争关系往往是不利于合作的。如果团队工作要靠大家一起合作才能完成，而绩效管理采用同级评价，显然，"指挥棒"与工作要求就不吻合了。

再以科研高校的教师为例。通常，老师们需要定期上报本年度发表的文章，有的单位规定只认定以第一和通讯作者身份发表的文章，作为其他身份作者发表的文章则不能算作绩效。这种绩效管理体制导致老师们在研究工作中非常在乎能不能排上第一或者通讯作者。在多学科教师组成的研究团队中，作者排序就变成很麻烦和困难的事情。于是，老师们越来越倾向于与自己的学生或是关系亲近的老师组成团队，这对跨学科研究工作的开展是极其不利的。

当然，这种绩效管理体系和我们普通人也是息息相关的。我去4S店买车时，遇到的销售是一个非常有活力的女孩，她对我说："带领我们整个销售团队的负责人，一个月卖出的汽车的数量比我多，但每个月实际拿到的钱比我还少。"我很好奇，因为单从逻辑上来说，一家4S店的销售团队负责人，卖的车又多，应该比普通销售人员拿到更多的薪资，于是我问她原因是什么。她笑着回答说:"可能我们负责人对政策研读这块不太重视,其实在我们4S店考评销售人员绩效时,卖车所得的绩效分远远少于卖其他服务得到的绩效,所以我宁愿精做一单生意,把这个客户的相关生意都做了,而不愿意只完成卖车环节。"

这是一个非常有心的员工,相比之下,那位管理者就让人感到有些遗憾。作为一个团队的管理者,不能深入解读那些与个人切身利益密切挂钩的政策,无论对他个人,还是对团队,都会造成很大的损失。了解绩效管理的"指挥棒"是如此重要,千万不可忽视。

另一种让人感觉遗憾的情况是,有的企业制定了一整套绩效管理制度,员工也认真解读了,但仍然不能形成清晰的思路,导致其无法取得优秀的考核结果。实际上,这是因为绩效考核制度不明确,不能发挥良性的引导作用。这时,企业需要对绩效管理制度进行调整。我经常告诉我的一些学生(有的是部门经理,有的是事业部的管理者),拿出自己部门使用的考核制度,从被管理者的视角对其进行重新解读,看看是否能读出"如果我是被考核者,我如何做才会得到优秀的成绩"。用这个方法进行自查,可以大大提高绩效管理制度的有效性。

5.3.2 对绩效进行沟通与反馈

在绩效管理中,沟通与反馈是一个必不可少的重要环节。在沟通反馈过程中我们需要考虑的因素有很多,但最重要的一点是把导向说清楚。

有的企业有严格的绩效反馈规范,还设计了专门的图表,来规范和要求管理者与下属进行一对一绩效反馈和面谈时应当注意的细节。但我对员工和管理者进行采访时,一提到绩效反馈,很多管理者的第一反应是:"烦!程序太多了,本来就很忙,又增加了很多事。"员工则会说:"搞得很尴尬,领导也挺忙的,跟领导说多了,领导说这事不归我管,说少了没什么意思,所以一般我们都赶紧把事做完就算了。"可见,如果只是为了执行程序而进行沟通与反馈，是很难达到提升管理的目的的。

　　从绩效管理制度的解读视角来看，沟通与反馈的重点应该是"绩效管理为什么要设计这些指标"，而不是"这些指标是怎么得到的"。除此之外，还要关注怎么做才能帮助员工提高完成绩效行为、实现指标的能力。

　　举个例子，有一家公司为了推广新产品、扩大市场份额，为所有业务部门设定了一个绩效考核指标——该部门当年完成的销售额中，新产品的比例至少要占到20%。如果销售总额完成了指标，但新产品的占比没达到20%，也要被判定为业绩不达标。这是一个非常明确的"指挥棒"，反映出公司对新产品推广的额外要求。但在绩效沟通与反馈的过程中，单纯只看数字会造成很多问题，比如销售人员可能会质问："我的销售业绩都达到150万元的指标了，远远超出总业绩要求，为什么考核才给B？虽然新产品没达到比例，但对公司来讲150万元就不重要了吗？"

　　在这个案例中，管理者是有些失责的。管理者本应向下属解读公司开发和支持新产品的基本逻辑——公司之所以这么强调新产品在销售额中的占比，是因为老产品的生命周期已到尾声。如果不从现在开始为新产品开拓市场，明年就不是150万元的指标能不能完成的问题了，而是可能会缩水到五六十万元，到那时，企业的整体利益都会受损。

　　由此可见，在沟通反馈环节一定要把绩效的战略相关性和行为引导性充分呈现出来，这样才能达到绩效管理的真正目的。

5.3.3　分配导向与发展导向

　　除了解读视角，绩效管理还有另一个视角——决策制定视角。其实，很多管理者或多或少地都能制定一些绩效管理政策，哪怕是很小的政策。即使只是某个小团队的负责人，也能考核团队里员工的部分行为，比如出勤情况，基本操作是否合乎规范等。

　　在制定政策时，管理者需要认真思考一个问题：考核的作用是什么，是为了分钱、分资源，还是为了帮助人成长和发展？前者是分配导向，后者是发展导向。如今很多企业常用的方法是把发展导向与分配导向混合在一起，即先制定一套考核制度，以一个月、一个季度或者一年为考核期，然后根据考核结果发放绩效奖金，这叫作分配导向；除了考核业绩外，这套制度还要帮助员工提高绩效、获得更多发展，这叫作发展导向。

这两种不同目的的绩效考核制度在实施过程中常常发生冲突。因为在分配导向下，被考评者的精力会主要放在结果上，毕竟业绩与利益直接挂钩，因此，他们更在乎的是考核的公平性和结果的正确性。在这种情况下，员工纠结的是"为什么明明做得比别人好，评分却是B，同事却能得A"，而作为管理者的一方，考虑的却是如何帮助员工提高绩效。思考逻辑的不同导致冲突频发，让双方都产生沟通困难之感。

所以，在发展导向和分配导向的不同目的下，考核指标应该有所差异，甚至考核周期和考核时间点的设计也应该有所区分。

5.3.4 绩效变革要坚持到底

在管理实践中，有一句话叫"文化变革，绩效先行"，因为文化变革强调的是组织的价值理念，它会折射成一种对行为的要求。如果不把这种对行为的要求放在绩效层面考虑，就会导致必要的强化环节的缺失。还有一句话叫"战略变革，绩效先行"，指的是如果组织的战略发生了重大变化，绩效管理体系必须率先做出调整，否则很难把战略变化的导向真正落实到组织实践中来。可见，无论是文化变革还是战略变革，都要先对绩效管理进行变革。

国际著名投行摩根士丹利的案例值得我们借鉴。摩根士丹利在十多年前曾经进行过一次公司历史上最大的文化变革，这次文化变革的核心是整个公司的一体化、整个公司业务的板块化与协同发展。

这场文化变革基于摩根士丹利对投资银行业的充分了解和深度调研。

在这家公司不同的业务板块中,时常会出现一些个人业务能力很强的明星员工。为了突破业务板块的限制,需要通过变革来整合优势资源,实现 one-firm firm(意即:统一的公司),以便为客户提供更高质量的金融服务。

变革刚开始推行时,很多明星员工和业务经理都不太理解其重要意义,觉得就是"有生意大家一起做"、把其他部门推荐给客户。但摩根士丹利的改革者认为,这不仅是生意流程的变化,更是理念认识的重要变革——在处理业务时,要把整个公司当作一个整体。为此,摩根士丹利在做绩效考核时,除了考核传统的投资银行业务成绩外,还把不同业务部门的相互合作程度作为重要的评价指标。这个绩效考核方式的变革在公司内部引起了轩然大波,尽管阻力重重,摩根士丹利仍然坚持变革。最终,摩根士丹利以极快的速度崛起,成为投行中的翘楚,这也为它后来灵活地应对行业新变化打下了坚实的基础。

5.4 薪酬福利

5.4.1 薪酬的基本构成

关于薪酬,很多人最关心的是自己的薪酬水平以及薪酬结构,比如,面试的时候谈到工资,很多人会问绩效工资是多少,有没有年终奖,有哪些福利和津贴,社保包括什么,在何种水平上,等等。

薪酬制度还包括薪酬基础,对管理者来说,薪酬基础可能是管理职级的工资,其所得工资是管理职级的工资加上所管理部门的业绩,也可能是管理职级的工资加上绩效工资,甚至加上其他的一些项目工资。如果员工能够明确列出自己的工资名目,就说明其所在企业的薪酬制度是非常清晰的。

除此之外,薪酬制度的另一个重要部分是薪酬差异,即组织中不同岗位、不同级别、不同能力的员工获得的薪酬是不同的。

以上四点正好是企业薪酬制度的基本构成：水平、结构、基础、差异。我们看一家企业的薪酬制度如何，就是从这四个方面去考量的。

企业的所有管理者都需要了解公司的薪酬制度，了解哪些部分是自己可以进行调整的，哪些部分是不能动的，以及组织中的薪酬水平和结构又是怎么决定的。

比如薪酬水平，有人认为，受相应工资总额管理政策的限制，薪酬水平不是管理者所能决定的。但实际上，无论国有企业还是民营企业，无论大公司还是小公司，在一定边界内对薪酬水平都是有自主权的。组织的薪酬水平是处在行业前列、中游、中下游，还是末尾，企业是有一定调整空间的。

但要强调的一点是，薪酬管理有一个必须要规避的误区——"三个便宜的等同于一个贵的"。下面我们用一个案例来说明。

有一位民营企业家向我咨询："我要招一个厂长，如果从产业发达地区找，需要支付20万元年薪。有人给我推荐了一个本地的厂长，年薪只要12万元。我该选谁呢？我有好几个厂，如果录用年薪20万元的厂长候选人，其他厂可能闹意见，觉得厚此薄彼。我该怎么办？"

我当时问他："你招来的厂长需要完成的工作是哪些？"他说："因为目前主料的采购已经占据了公司巨大的现金流，所以厂长最主要的工作是把库存动态管理好，既不能没有主料库存，又不能库存太多占用资金。而且，我想把主要精力花在销售上，所以希望厂长不要让我操心生产环节的事，尤其要管理好员工，不要让员工每天到我这来告状。另外，厂长要安排好配送和安装，因为我们的部分产品是需要安装的，如果厂长能够处理好这部分工作，客户的满意度会大大提高。"

听完后，我给了他一个建议：不要只从年薪高低这个角度来考虑，要看谁更能把这三件事做好，哪怕多花一点钱也没关系，因为时间价值更高。

可惜的是，这位企业家并没有把我的建议放在心上。为了降低成本，他选择了12万元年薪的厂长，但3个月后就把对方辞退了，把那位20万元年薪的厂长请回来了。他告诉我，请了12万元年薪的厂长后，工厂的库存占用的现金更多了；安装人员经常因为少带零件而安装不成，影响了客户的满意度；以前他每周跑工厂一次，请了这位厂长后每周反而要跑工厂两三次，解决各种新问题。但请来20万元年薪的厂长后，厂里的事情他几乎不用操心了，3个月都可以不用跑厂里，一切井然有序。

这说明，在选择采用何种薪酬水平时，更重要的是看企业希望员工达到的目标，如果员工的工作能为企业创造更大的价值，付出更高的薪酬水平也是值得的。

5.4.2 福利是最便宜的成本

有一个颇具争议的观点叫"福利是最便宜的成本"，很多人对此感到十分不解：福利就是福利，怎么会是最便宜的成本？有些企业甚至认为福利就是支出，为了节省开支，除了法定福利外，几乎从不进行额外的福利设计。但也有一些企业认同这个观点，在企业运营中向员工提供优厚的福利，希望通过福利来激励甚至留住员工。

为员工提供福利的方式有很多，其中一种方式是"自选福利菜单"，即为员工提供一份列有各种福利项目的"菜单"，员工可以从这份"菜单"中自由选择自己需要的福利。在采取这种福利方式时，有些企业会先通过积分制积分，让员工用积分来换取相应的福利。

在考虑是否采用自选福利菜单时，企业管理者应认真分析组织的构成和员工心态。一般而言，如果组织中年纪大的员工占多数，做自选福利菜单就可能得不偿失，但在偏年轻化的群体中，做自选福利菜单往往利大于弊，管理者需要根据实际情况灵活决策。

下午茶制度也是一种常用的福利方式。比如，某高科技创业公司就实行了下午茶制度。这家公司有很多销售人员，在全国各地跑业务。这家公司规定，只要前方的销售人员签订了新合同，有新订单进账，就在办公室安排下午茶。订单的销售额度越高，下午茶就越丰盛。

不要小看这个小小的下午茶，它能让公司里的每个人都感受到企业的市场销售情况。比如，如果一周都没有下午茶，就说明这一周内公司都没签单，说明公司可能遇到了困难，这时，在后方的员工就会采取各种措施帮助前方业务人员提升业绩。从这个角度来说，下午茶制度也是一种自动矫正机制。如果下午茶很丰盛，大家就知道企业又签了大订单，如果连续几天都有下午茶，大家就会很欣慰，因为这说明公司的业务蒸蒸日上。通过下午茶，员工能切身地感受到公司的发展。

下午茶其实不需要公司花费太多，但通过这样的方式，却能把员工与公司的业务发展联系起来。因此，说"福利是最便宜的成本"并不为过，而这体现了企业管理者的管理哲学。

5.5 认可与奖励

除了薪酬福利，人力资源管理体系还包括奖励制度。奖励制度的设立，基于行为科学中两个基本理论：一是强化理论，主张通过奖励来强化员工的正向行为，让员工表现出更多的期待行为；二是社会学习理论，即通过奖励张三的方式为李四、王五等人树立榜样和示范，让他们争相学习和效仿，从而做出与张三一样的正向行为。

如果企业的奖励机制能达到强化正向行为或者激起对正向行为的效仿等目的，它就是完善的。反之，如果企业的奖励机制不能达到这样的目的，既对当事人无强化，又对周围人无影响，那么，管理者就需要对其进行调整了。

奖励的内容是多种多样的，不一定是金钱，也可以是荣誉，是认可，甚至一道暖心的目光，或者只是在肩膀上轻轻地拍一下。

在奖励机制中，谁来行使奖励与认可的权利是一个非常重要的问题。通常来说，奖励应该是上级给予下属的，但今天，奖励已经不再局限于这一种方式，有时会扩展到同事、客户身上。

比如，某公司对员工做出了这样的要求：每个员工每天登陆 OA 系统时都会自动收到三朵虚拟的花，员工必须在当天把这三朵花全部送出去，可以自由选择送给谁，即使送给不认识的同事也可以，送花时还可以附送一句或几句话，收花的人会知道是谁送的花。

每个人的内心都渴望获得别人的认可，当获得认可时，就会感到开心、感激、精神十足。通过这样的方式，组织内形成了一种互相认可、互相激励、互相感恩的工作氛围。

有些企业还会将这种来自同事的认可正式化，比如，某家企业专门开发了一种认可系统，当员工需要感谢某人时，就可以通过登录这个系统发送一封邮件，这封邮件同时还会被发到这个被感谢员工的直接上级的邮箱里。

除了内部的互相认可，客户的认可也是非常重要的。一些互联网企业会把客户评价作为认可体系的重要组成部分，客户的评价是不是五星、是不是 100% 好评，都会影响到员工的绩效。

5.6 职业发展

20 世纪 60 年代，职业发展领域出现了一种被称为"工作的丰富化与扩大化"的理念。从那之后，这一理念在职场上广泛应用，时至今日，在企业中仍然适用。为了给员工创造更多的职业发展机会，很多企业会积极地拓展职业发展通道，职业发展由单通道逐步发展到多通道。

但在今天的环境下，即使职业发展有多种通道，员工想获得晋升仍然会遇到各种障碍，组织的扁平化就是一种常见的障碍。扁平化指的是组织层级减少，比如过去企业中可能会有 5 个或者更多的层级，但扁平化之后层级会大幅度缩减。企业虽然设置了多个职业发展通道，但是通道的高度却下降了，没有那么多上升台阶了，这使员工的纵向发展受阻，员工在组织中的成长感也会随之大大降低。

另一种常见的障碍是各种职业通道中不同等级群体间的年龄差异在不断缩小。举个例子，如果一个员工的领导只比他大三岁，领导的上级也只比他大五岁，他就会感到等待晋升的过程实在是太漫长了，期待也会降低。

职业发展的核心是"发展"，而发展就是要让人感觉到通过自己的努力可以获得成长的希望。如果在多通道下员工的职业发展仍然是受限的，企业就应该在其他方面做出尝试，比如，在公司中设置"职业机会池"，让员工在组织内部可以尝试不同的工作岗位，为员工的横向发展提供机会。

职业机会池通常适合大型的、有不同业务板块的集团公司，或者处于动态、快速发展中的企业。通过职业机会池，员工可以尝试多种类型的岗位，从而找到更适合自己的岗位，有能力的员工甚至可以跳到其他行业寻找职业机会。

5.7　当下的挑战和新变化

今天，我们经常会听到一些人力资源管理的新实践和新方法，而这些新实践和新方法的提出，都是为了应对不断变化的环境所带来的挑战。

5.7.1　对人才的跨界争夺

很多公司在招聘时都会要求员工签订一份竞业禁止合约，这在企业人力资源管理中是一种常见的做法。也就是说，公司愿意每月付给劳动者一笔保密费，代价就是当劳动者离职后，在约定的时间内不能去竞业禁止的公司任职。

但有的时候，你会发现竞业禁止合约上约定的禁止目录里并不仅仅包括公司的竞争对手，很多看起来与公司并不构成直接竞争关系的公司也赫然在列，看起来似乎对劳动者很不公平。

这其实体现的是当今人力资源管理环境的一个特点，就是跨界的人才竞争。传统意义上，同行业才存在"挖墙脚"争夺人才的情况，但今天对于人才的争夺，其实早已超过了行业的边界，甚至会延展到所有的行业中。

在这种跨界人才竞争的环境下，对组织人力资源管理者而言，不仅仅要考虑到员工被同行竞争对手盯上的情况，也要考虑其他行业对公司人才资源潜在的威胁。而且，既然其他行业的公司会挖我们公司的人，这也意味着，在其他行业中也可能存在我们所需要的人才。

当然，我们并不鼓励对人才不健康的甚至恶意的"挖墙脚"。但如果能在其他行业中找到更加适合自己公司的人才，扩展了视角，这也不失为人才选择的一种方式。

5.7.2 双创环境对人才的吸引

有一句英文叫"to be rich, or to be king"（要么富有，要么做自己的主人）。

前半句的"to be rich"是指对那些刚刚步入职场的年轻人来说，选择一个大的平台，或者一个相对成熟的企业，可以获得不错的收入，让自己维持较高的生活水平。

与此同时，近些年还有个趋势，很多刚毕业的大学生都会选择与自己的同学、朋友和学长一起创业。创业之所以有这么大的魅力，主要在于创业能带来成长感和巨大的希望感。

尽管创业不一定会成功，甚至绝大多数创业以失败告终，成功反倒是个小概率事件，但依然有一些年轻人会选择这条路，原因就是所谓的"to be king"。在这里，"to be king"不是指要称王称霸，而是指对可做、要做的事情有足够的自主权，能够做自己的主人。

这种就业观对年轻人产生了很大的影响，也为人力资源管理带来了巨大的挑战。在这种情况下，很多企业都会努力使职场新人感到在本企业工作是有发展的，这个平台是值得加入的。

有些大企业正在打造内部的创业平台，或者通过建立特种别动队、突击小组、项目小组等方式，给一些刚加入公司的新人以快速成长的机会和可能。这其实都是为应对这种趋势和变化而采取的对策。

5.7.3 人力成本的不断提升

随着各省市社会平均工资的公开，你会发现在一些一线城市，甚至在二三线城市，社会平均工资水平都有很大幅度的提高。但这个变化对企业而言意味着人工成本的不断提高。此时，企业用工就会面临较大的成本压力。

前文中我们已经提到过，如果仅把人力资源的使用成本当作人工成本来看，那么企业考虑更多的会是如何降低成本。但如果是把人力资源当作资本来看，企业需要考虑的就不仅仅是成本的提升，更要考虑成本提升后，人力资源的收益是不是也获得了提升。所以，管理者需要衡量人力资源的收益。

有些员工，虽然工资很高，但如果他们能够创造更大的收益，公司支付的高薪酬就是值得的。反之，如果员工不仅不能给公司带来收益，反而带来了各种麻烦，那么即使给他最低限度的月度工资，他对公司来说也是没有价值的。在人力资源管理中，我们应该更加倾向于把视野放在那些能给组织带来增量收益的人力资源上。在这个基础上再衡量所谓的成本，是更优化的选择。

比如，摩托罗拉公司曾经在内部做过一个旨在发现组织内部关键价值增值者（critical value adder）的活动，通过这个活动评估员工每年为公司创造的价值，然后和付给他们的薪酬进行对比。结果出人意料，那些为公司创造很高价值的人，获得的薪酬其实并不高，也就是说，他们为公司创造的价值远远超过公司付给他们的薪酬成本。这其实是一个非常危险的信号，因为如果公司不能将员工的薪酬水平和他们所创造的价值匹配起来，这些对公司有价值的员工就会有离职的风险。所以，对组织而言，从收益端去看问题，要比仅仅从成本端看问题更有管理实践价值。

5.7.4 新一代员工职场价值观的变化

今天，很多管理者可能都有这样的感受：新一代员工聪明、有想象力、有创造力、有激情，但和我们的职场价值观不一样。

其实，管理者最主要的责任和角色并不是让每个员工的职场价值观和他们保持一致，而是让那些和他们不一样的人也发挥出组织所期待的作用。所以，这些与管理者有巨大价值观差异的新一代员工，也在公司内部形成了一股巨大的力量，推动着当前管理者改变领导方式和管理制度。

举个例子，上一代的管理者往往会强调如何激励员工、如何控制工作进度；有情况要及时汇报，有困难要及时沟通，有进展要及时更新；要表扬员工，以期形成示范作用；批评员工尽量要私底下批评，给员工留面子，员工心态也会好一些。但在今天的职场中，如果你不断督促工作进度，新一代员工就会有些不满。在他们看来，管理者只要检查最后的工作结果是否达成就可以了，不应干涉自己如何去做。这时，双方往往都会产生一些情感上的失落。

当管理者当面表扬新一代员工时，他们会感到不自在，觉得这种公开表扬会把自己和同事区隔开。所以，新一代员工的价值观和偏好，需要管理者深入了解并在管理行为上做出调整。

5.7.5　人与组织的关系

前面我们讲了"交易模型"，虽然交易模型看上去是一个轻模型，没有那么多情感负债，更强调契约关系，但管理者仍会对使用交易模型带来的不稳定感和不安全感心存芥蒂，并因此压力倍增。基于此，企业在人力资源管理方面运用的方法和手段亟须创新。

人力资源管理中面临的挑战和变革，不仅仅来自技术方面，更多来自人力资源管理者、员工和组织形态。

一个首先值得我们思考的问题是：企业与员工之间是管理关系还是合作关系？

过去的人力资源管理概念更多地侧重于组织对员工进行管理，而今天的企业正在大量使用合伙人制度，又叫自由代理人模式（Free Agent）——一种自由雇工的方式。在这种方式下，组织和员工之间是一种合作关系，而不是管理关系。这是员工和组织之间的新型关系。

其次，在员工激励方面，企业越来越多地倾向于采用一些非物质的激励手段。这并不是因为企业不舍得使用物质资源，更重要的原因是，物质激励带来的效用往往是递减的，因而很多企业在人力资源实践中，更倾向于通过创造有趣的工作场景、设计有意义的工作内涵来提供有希望、有成长、有想象空间的发展环境，以更好地激励新一代员工，让他们在组织的平台上为组织创造价值的同时，实现自身的价值。

越来越多的企业尝试设计一些我们称之为有趣（Interesting）、有意义（Meaningful）、有希望（Hopeful）的管理方法。比如在企业中推行学术休假制度，通过强制性地制造一个挑战环境，迫使你不断进步、提高。比如游戏化的绩效管理方式，通过模仿游戏中的打怪升级、通关的方式对工作绩效进行管理和分工。

设计这些新手段的核心目的，就是在物质激励效用递减的情况下，通过扩大非物质激励来提升效用。

小　结

无论你是高管、中层管理者，还是基层管理者，都要"管人理事"，而且，"管人"要放在"理事"之前。这里的"管"指的是如何带队伍，如何让下属、同事更好地工作，如何更好地完成组织的目标。

希望本课所介绍的人力资源管理的基本逻辑，可以帮助你更好地进行与人相关的决策，更好地处理与人相关的各种管理问题。

第6课

财 务

很多人因为不处在企业老板的位置，也不处在总经理的位置，所以往往会认为财务这件事离自己很远，完成自己的本职工作就可以了。但问题在于，企业是作为一个整体在动态运营的，在这个过程中，每个部门都有其目标，比如，生产部门的目标有按时交货、提高产品或服务质量、降低成本，销售部门的目标有抢占市场份额等。我们会发现，无论是降低成本、提高质量，还是抢占市场，都与财务密切相关。

财务对我们的意义在于，它让我们了解到我们所在的部门对企业盈利发挥了什么作用。只有明白这一点，我们才能搞清楚，工作的真正目标和任务是什么。我们不能只追求一个局部的最优化，更要追求企业整体的最优化。只有站在全局的高度思考局部问题，才能够把局部工作做得更有效率，我们的努力才能够得到更高的回报。这就是你可能只是一个部门经理，却要具备老板思维的原因。

本课将为大家介绍商业的财务逻辑，也就是与财务有关的知识。但我不会把重点放在对具体的会计账务处理过程的介绍上，而是旨在从财务角度出发，帮助大家思考商业运作的逻辑。

——肖星

（清华大学经济管理学院教授）

6.1 财务人眼里的企业

要学习关于财务的知识，要从商业的本质说起。经营一家企业的最终目的是"赚钱"，怎么赚钱，怎样才算赚到了钱，是我们讨论的首要问题。

经营一家企业，首先需要准备一笔资金。投入了初始资金，完成了注册并拿到了营业执照，从法律角度来说，企业就诞生了。营业执照可以看作企业的出生证，在出生的这一刻，企业的所有资产都只是现金。不管这家企业以后会发展成著名的大公司，还是经营没几年就破产的小公司，它们的起点都是一样的。

在企业经营发展的过程中，资产不可能一直保持只有现金的状态，其形态会发生变化。我们以资金运动形态较为复杂的制造业企业为例。开设一家工厂，首先需要用注册资金建厂房、买设备，来满足基本的生产需求。有了这些基本投入后，要招聘员工，进行投产。生产过程中，我们每天要做的事情是把原材料加工成产品，然后把产品卖掉。

销售产品有时可以直接收回现金，但更多时候，只能拿到收款的债权，财务上称它为"应收账款"。当我们再把应收账款回收变成现金后，就完成了"从现金到现金"的循环。之后，企业可以拿这笔钱偿还银行贷款，也可以向股东分红，给他们提供投资回报。

这个"从现金到现金"的过程就是财务视角下企业所从事的活动。从财务人的角度来看，所有企业都在周而复始地重复着这一过程：资产从现金形态转了一圈，最后又回到了现金形态。

如图 6-1 所示，这是制造业企业的经营过程。在服务业中，情况也是类似的，差别在于服务业生产的是无形的产品——服务，这种产品是无法储存的，把它们生产出来的过程，就是卖给消费者的过程。

在这个周而复始的资金循环过程中，企业又是怎么赚钱的？我们可以把这一循环拆解为三个活动过程，如图 6-2 所示。

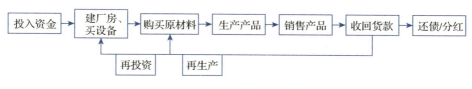

图 6-1　制造业企业的经营过程

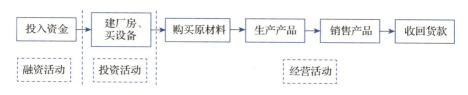

图 6-2　企业的三项经济活动

首先是购买原材料、生产产品、销售产品、收回货款，这些活动也叫经营活动。

企业可能也需要建厂房、买设备，或者到新的地区开展业务、开拓市场，甚至投资入股其他公司，这些活动称为投资活动。

在最初建立企业时，投入企业的初始注册资金有两种可能的来源。一种是投资人以自有资本投入的，我们称其为持有股东提供的，或者所有者提供的。公司也可以向债权人（比如银行）举借，借来的钱，财务上称为负债。所以，提供资金有两种途径：一种是股权投资，另一种是债权投资，而企业向债权人或股东进行融资的过程，就称为融资活动。

尽管企业有着纷繁复杂的各种交易和经济活动，但在财务人眼中只有三类，那就是经营、投资和融资。

6.2　资产负债表让你看懂企业

6.2.1　资产负债表及其作用

财务是如何描述企业运作的？

不妨设想一下，对股东而言，开办一家企业，他首要关心的事情是什么？有人可能认为是企业能否盈利。当然，股东必然会关心这一点，但这不是首要的。他们首要关心的其实是投入的资金有无亏损，因为开设这家公司时，股东投入了大量资金，对他们而言，最基本的要求是投入资本金的保全。

随着企业经营活动的开展，最初投入到企业中的那些货币资金，往往不会再以现金的形式存在，而是会变成其他形态。比如，部分资金会用于购置厂房、设备，部分资金会用于购买原材料，部分资金会变成企业的产品，还有部分资金变成了应收账款。如果想知道投资人期初投入的资本有无亏损，需要专门的统计报表来详细列报，这个报表就叫作资产负债表，如表 6-1 所示。

表 6-1　资产负债表（示例）　　　　　　　（单位：元）

资产		负债	
流动资产		流动负债	
货币资金	80 860	短期借款	126 200
应收账款	118 010	应付账款	68 870
预付账款	22 140	其他	104 490
存货	52 760	流动负债合计	299 560
		长期负债	
其他	29 060	长期借款	136 880
流动资产合计	302 830	应付债券	0
长期资产		其他	79 360
长期股权投资	6 040	股东权益	
长期待摊费用	910	股本	49 870
		资本公积	200 270
固定资产	542 260	盈余公积	30 810
无形资产及其他资产	16 950	未分配利润	72 240
资产合计	868 990	负债和股东权益合计	868 990

资产负债表分成左右两个部分。左边列示的叫作资产，右边上下两部分分别列示了负债和股东权益。简化来看，它的结构如图 6-3 所示。

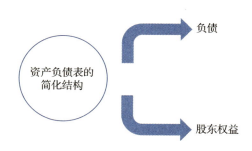

图 6-3　资产负债表的简化结构

资产负债表通过对数据的整理，可以体现出企业在某一时期内的财务状况，能帮助企业内部除错、确定经营方向等。在所有的会计报表中，资产负债表是最为核心的一种报表，看懂了资产负债表，也就看懂了企业。

6.2.2　如何解读资产负债表

拿到一张资产负债表时，看到上面密密麻麻的数字，很多人会感觉一头雾水，不知道应该如何分析。那么，企业的资产负债表究竟该如何解读呢？

1. 资产负债表的左边

资产负债表的左边是关于资产的项目。首先，介绍一下变现能力较强的流动资产。流动资产主要包括货币资金、应收账款、预付账款、存货等。

- 货币资金，指的是我们日常熟悉的现金。
- 应收账款，是指企业卖掉了产品但尚未收到客户回款的那部分债权。
- 预付账款，是指企业向上游供应商预付了资金，但还没有收到货物的那部分债权。比如企业预付了原材料的货款，但还没有收到货物，这部分债权也算是企业的资产。
- 存货，包括原材料、产成品和在生产过程中以半成品存在的物资等。

资产负债表上还会列示变现较慢的非流动资产，也被称为长期资产。比如，建厂房、买设备会形成固定资产；有些企业会持有专利技术，这在会计上叫作无形资产。

企业还可能对外投资，从而形成各类投资，这部分较为复杂，这里暂时先不做深入讨论。

以上是我们常见的一些资产项目，对于这些资产项目，我们一般选用最初取得该资产的历史价值来计价，专业术语称为历史成本。

同时，也有一些资产会采用其他计价方式。比如，公司在二级市场上买的股票是一种金融资产。金融资产不使用历史成本计价，而是使用公允价值计量模式，公允价值就是按照现行市场公平的价格对资产账面价值进行计量。公司也可能会持有一些符合一定条件、用以赚取租金的或者待售的房地产项目，叫作投资性房地产。投资性房地产可以采用历史成本计价，也被允许采用公允价值计价。

之所以这两类资产可以按照当前市场价格计价，是因为它们当前的市价是比较容易获得的，而前面提到的原材料、产成品、在建工程、固定资产等资产的现行市价是不太容易获得的，所以只能使用历史成本来计量。

具体来说，各种资产的计价方式如图6-4所示：

条件	举例	计价方式
现行市价容易获得	股票（投资性房地产）	公允价值计价
现行市价不容易获得	原材料、产成品、在建工程、固定资产	历史成本计价

图6-4 各种资产的计价方式

2. 资产负债表的右边

资产负债表的右边被分成了上下两部分（见表 6-1），上面是负债，下面是股东权益。

负债包括借款、应付账款、应付职工薪酬、应交税费等。借款是企业有时候向银行借钱形成的，有短期的，也有长期的。应付账款是赊欠供应商的货款。其他事项也会形成负债，比如大多数企业的员工薪酬并不是日结的，只要员工为企业工作一天，企业就欠他一天的工钱，在实际发放工资之前，就会形成负债，即应付职工薪酬。同样地，企业也不是天天去交税，临时欠缴的税款会形成应交税费。

除了这些以外，还有一些相对复杂的负债项目，这里不做过多介绍。

"股东权益"只出现在股份有限公司中，在有限责任公司中通常叫作"所有者权益"。虽然名字不一样，但含义是相同的。这个部分通常分为四个项目，分别是股本（或者实收资本）、资本公积、盈余公积以及未分配利润。

一般企业可以通过两种方式获得股东资本投入：一是股东直接投入各类资金；二是股东决定将公司通过盈利所得的增量资本留存在公司中，这也是股东对公司的一种投资方式。前一种方式会形成股本（或者实收资本）及资本公积，后一种方式则形成盈余公积和未分配利润。

股本与资本公积的区别在于，股本或者实收资本是公司按照注册资本出资投入的那部分资金，现行的《公司法》并不要求公司在设立时就把所有的注册资本认缴到位，而实收资本记录的是实际已经到位的那部分注册资本。超过注册资本的出资部分，叫作资本公积。

在一些特定情况下也会形成资本公积。比如一家上市公司向市场公开发行 1 亿股股票，每股的发行价格是 10 元，总计筹集到 10 亿元资金，在这 10 亿元中，只有 1 亿元是股本或者注册资本，其他 9 亿元都是资本公积。

股东资本投入的第二种方式其实是一种追加投资的方式。在资产负债表中用两个项目来描述，分别是盈余公积和未分配利润。《公司法》规定，公司每年必须计提净利润百分之十或以上作为盈余公积，这部分是不允许向股东分配的。每年净利润扣除提取的盈余公积剩下的部分，公司的股东可以进行处置，由此形成未分配利润。简单地说，盈余公积是法律强制要求不能随意分配的利润，而未分配利润是留待公司自行安排的利润。

将股东权益的四个项目直观地列示如下：

- 股本或者实收资本，是公司按照注册资本出资投入的那部分资金。
- 资本公积，是指超过注册资本的出资部分。
- 盈余公积，是法律强制要求不能随意分配的利润。
- 未分配利润，是留待公司自行安排的利润。

以上就是资产负债表的主要构成部分。

资产负债表的右边代表的是公司收到了多少投资，以及这些投资是从哪来的——有多少是股东最初投入的，有多少是后来向银行举借的，有多少是经营过程中欠供应商、员工、税务局的，还有多少是公司赚钱之后被股东留存在公司账户上的。

公司收到的投资最初是以现金的形式存在的，公司可能会把这些资金存在银行，也可能用于建厂房、买设备、买原材料、生产产品、销售产品、回收货款等。在对资金的使用过程中，产生了资产负债表左边的各种资产项目。所以，左边的资产项目列示的是企业把这些钱用到了哪些地方，形成了什么具体资产项目，以及现在价值几何。

综上，资产负债表向我们展示了公司的钱是从哪里来的，又用到哪里去了。资产负债表的右边说明的是钱的来源，左边说明的是钱的用途。很显然，左边与右边从逻辑上来说是必须相等的。这就是资产负债表的基本逻辑关系：

$$资产 = 负债 + 所有者权益$$

在会计中，这是最基本的逻辑关系，我们称之为会计恒等式。它必须永远保持成立。

6.3 利润表与企业盈利能力

6.3.1 利润表能衡量企业盈利状态

开公司的目的，绝不仅仅是保全资本不赔钱，更主要的是赚更多的钱。那么，企业是在哪个环节实现盈利的呢？

企业经营是从现金到现金的循环。投资人把现金投入到公司进行基础设施建设，之后购买原材料、生产产品、销售产品、回收货款。在这个过程中，对盈利影响最大的环节是销售产品环节。生产出再多的产品，如果卖不掉，也是没有办法盈利的。把产品卖出去的时候，往往也是盈利的时候。之所以说"往往"，是因为卖掉产品并不代表公司一定能赚到钱。

企业销售产品时会获得收入，这是盈利的重要基础。但获得收入是要付出很多代价的，其中最直接的代价就是让渡了产品的所有权和控制权，这意味着企业失去了这些产品，在会计上我们称之为成本。此外，企业要想正常经营，还需要花很多钱，比如物业费、水电费以及给员工发放的工资等，所有这些支出叫作费用。

所以，企业是否盈利很难一目了然，需要经过详细的核算才能确定。财务中有一张非常重要的报表——利润表，就是用来衡量企业的盈利状态的，如表6-2所示。

表 6-2 利润表 （单位：元）

营业收入	445 480
−营业成本	319 120
−税金及附加	1 550
−销售费用	25 080

（续）

－管理费用	30 270
－研发费用	
－财务费用	13 030
－资产减值损失	
＋其他收益	
＋投资收益	5 070
＋公允价值变动收益	62 850
＋资产处置收益	－730
＝营业利润	
＋营业外收入－营业外支出	
＝利润总额	68 120
－所得税费用	30 060
净利润	38 060

6.3.2 如何解读利润表

从构成来看，利润表是上下结构的。利润表的起点是收入，收入并不一定都能收到现金，有时也会有赊销的情况，如果是赊销，就没有现金的实际流入。

收入的下一个项目是成本，成本是为了获取收入所付出的直接代价。对商业企业而言，成本是所销售的商品在采购中所花费的支出；对生产性企业而言，成本是所销售的产品在生产过程中的耗费。

与收入和成本密切相关的一个概念是毛利润，它等于收入与成本的差额。将毛利润除以收入后，就可以得到毛利率。毛利润与毛利率的计算公式如下：

$$毛利润 = 收入 - 成本$$
$$毛利率 = 毛利润 / 收入$$

成本项目之后，是税金项目。顾名思义，税金项目记录的是企业经营过程中所需支付的税费，但这个税费并不是企业经营过程中非常重要的增值税。增值税是一种价外税，其税额由最终消费者承担，不在企业营业税费和利润表中反映列支。比如，一台电脑的税前价格是 10 000 元，按照 13% 的增值税率，含增值税的价格就为 11 300 元。很显然，消费者必须向卖方支付 11 300 元才能得到电脑，而卖方企业只是代扣代缴 1300 元的增值税，最终要将这部分钱向税务局上交。所以，增值税款虽然暂时存放在企业中，但是所有权并不属于企业，而是要在规定的期限内还给税务部门。对企业来说，增值税是欠税务局的负债，应当反映在资产负债表上的应交税金项目中。

利润表中的税费项目应当反映企业支付增值税过程中产生的额外附加税费。比如我国规定的教育费附加、城市维护建设费等。

税金及附加项目之下通常是三项期间费用，即销售费用、管理费用和财务费用，这几项费用之间的关系可以用公式来表示：

$$期间费用 = 销售费用 + 管理费用 + 财务费用$$

销售费用指的是为了实现产品销售而发生的各项费用。比如，销售人员的奖金、工资提成、差旅费，宴请客户的业务招待费，以及销售场所的租金，等等。总之，凡是为了实现销售而支付的费用都属于销售费用。回顾之前提到的成本，它是企业在生产过程中花的钱，所以我们可以这样理解：成本产生于生产过程，而销售费用产生于销售过程。

管理费用是除生产部门、销售部门之外的其他部门的工资奖金、差旅费、业务招待费，以及会议经费、培训费用等。

很多企业都有融资需求，为了满足这种需求，企业会向银行贷款。为此，企业要支付给银行利息，这种借款利息就属于财务费用。大部分企业也会在银行存款，存款所得的利息收入通常是直接在财务费用中扣掉的。所以，财务费用实际上是利息支出减去利息收入之后的余额。

收入减成本的差额是毛利润，毛利润再扣除经营过程中的税费和三项期间费用，基本上就得到营业利润了，这同样可以用公式来表示：

$$营业利润 = 毛利润 - 营业税费 - 销售费用 - 管理费用 - 财务费用$$

不过，如果你详细对照利润表，会发现得到营业利润前还有一些调整项目，它们主要是由资产价值的变动而产生的收益或亏损，在此我们不做详细介绍。

此外，企业还会有一些营业外的收入和支出，它们与企业日常经营活动没有关系。比如，公司出售厂房、变卖设备就与营业活动没有关系，因为没有任何一家企业会以处置变卖自己的生产设备为主要业务。这些活动产生的收入，我们称之为营业外收入。

企业也可能会从政府获得一些奖励，或者收到捐赠等，这些也属于营业外收入。同理，如果公司被政府罚款，或者发生一些捐赠支出，或者遭遇天灾人祸等意外损失，这些就属于营业外支出。

除了营业外收入和支出，还有补贴收入。补贴收入指的是公司从政府处获得的补贴。另外还有一项汇兑损益，这是企业在采购或销售中使用外币结算时由汇率波动导致的损益。

营业利润加上营业外的收入，减去营业外的支出，再加上补贴收入和汇兑损益，就是企业的所有利润，称为利润总额，公式如下：

利润总额＝营业利润＋营业外收入－营业外支出＋补贴收入＋汇兑损益

在利润总额的基础上扣除企业所得税，就是企业的净利润。公式如下：

净利润＝利润总额－企业所得税

如果用一个图形来表示利润表，那将是一个漏斗的形状。进来的是收入，最后出去的是净利润。一般情况下，因为从收入到利润的计算过程中，要扣除各种各样的损耗，所以利润会比收入少。

我们可以把这个损耗分成三个部分，如图6-5所示。第一部分是成本，收入在扣除成本后会形成毛利润。第二部分是三项费用和营业外收支，毛利润扣除这些费用，再加上额外的收入之后，就得到利润总额，也是税前利润。第三部分是所得税，税前利润扣除所得税，即得到净利润。

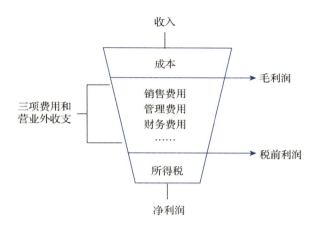

图 6-5 利润表的图形表达

我们前面讲到，资产负债表的逻辑关系为：资产 = 负债 + 所有者权益，相应地，利润表也有一个基本逻辑关系，就是：

$$收入 - 成本费用 = 利润$$

综上所述，企业的经济活动主要是为了完成两个目标：第一阶段目标是保本（不能赔钱），第二阶段目标是尽可能赚更多的钱。为了反映这两个目标的完成情况，就产生了资产负债表和利润表。资产负债表解释了投资人投入的资金变成了什么形态，从而便于评估钱有没有赔掉。利润表则告诉我们在经营过程中企业有没有赚到更多的钱。

6.4 企业盈利的秘密

6.4.1 如何判断企业的盈利能力

简单来说，企业经营有三件事：经营、投资和融资。会计用两张基本报表——资产负债表和利润表来描述企业经营的三件事。接下来，我们来分析企业中的钱是如何赚到的，如何让企业赚更多的钱，也就是企业是如何年复一年地实现盈利的。

首先要探讨的一个问题是"怎样才算赚钱"。这个问题可能会让我们联想到很多词，比如收入、利润、毛利润等，这些词都是在讲赚钱这件事。比如，我们看到一家公司今年的净利润是 1 亿元，就可以判断这家公司肯定是赚钱了，但这是不是意味着这家公司非常赚钱？我们不能马上断言。因为投入 2000 万元赚 1 亿元和投入 100 亿元赚 1 亿元，显然代表不同的盈利能力。所以，在评价企业到底赚不赚钱时，不能只看净利润的绝对值，还要看是在投入多少资源的情况下才赚到这笔钱的。

如果用报表中的概念来解释，企业投入的资源就是"总资产"。最初，总资产都是以现金的形式投入的，后来这些钱才变成了各种形式的资产。用这些资源赚到的钱就是"净利润"。用净利润除以总资产，得到了"投资回报率"，即总资产报酬率，这指的是企业获得的收益与投入资金的比。

$$总资产报酬率 = \frac{净利润}{总资产} \times 100\%$$

用百分比衡量赚了多少钱，就是去除了规模的影响，考虑投入与产出的关系。所以，通常来说，衡量企业赚了多少钱，我们首先要看企业投资回报率的大小。

接下来的一个问题是，到底投资回报率达到多少才算是合格的？也就是说，投资回报率是否存在一个及格线？如果存在，及格线是多少？有人认为，投资回报率至少要高于银行贷款利率；也有人认为，投资回报率要高于通货膨胀率。

其实，这些观点都不够全面。投资回报率是指投资人将资金投入公司后可以获得的收益水平。任何人都会要求收益大于成本，收益超过成本的部分才是企业所赚的钱。要想测量投资回报率，我们既要弄清楚收益的大小，也要弄清楚投资成本的高低，收益减去成本之后的差额，才是投资人赚的钱。

6.4.2 找到投资回报率的及格线

怎么才能找到投资回报率的及格线？要回答这个问题，资本成本的衡量是至关重要的。

有两种人会成为企业的投资人，一种是债权人，另一种是股东，他们投入资金的成本是不一样的。

债权人投入公司的资本成本是债权人要求公司支付的利息，因此利率可以用来衡量债务资本成本。

对于股东投入的资本，公司既不需要定期付给股东利息，也不需要向股东偿还投资本金，虽然公司也会向股东分红，但是分红并没有强制性，所以公司用股东的钱，可以不还本、不付息，甚至也可以不分红。

那么，公司用股东的钱是不是没有成本呢？事实并非如此。

我们可以从股东的角度来思考这个问题。股东把钱投入公司一定是要求获得回报的，而且股东往往有成本收益的考量，即收益要大于成本，这是股东对公司的基本要求。

对股东来说，把钱投入企业，意味着放弃了把钱投入其他公司获得收益的机会，这对股东来说是一种机会成本[⊖]。股东既然承担了这样的成本，必然要求回报。而且，股东希望这家公司给他的回报，最好不低于他从其他赚钱机会上获得的收益。

既然法律并无强制分红的规定，那么公司是不是可以不给股东回报，从而节省开支呢？

在市场环境下，如果一家公司的实际经营者（在公司治理理论中我们称之为管理层）一毛不拔，长期不给股东回报，股东可以以企业所有者的身份将管理层解雇，换一个能够给他带来回报的人。由于市场力量的存

⊖ 所谓机会成本，就是本来有机会用这笔钱投资其他项目来赚钱，但因为现在把钱投入了这家公司，就放弃了其他的赚钱机会。比如，我在其他的赚钱机会上可以获得的最大收益，就是我投这家公司所承担的机会成本。

在，不能给股东提供回报的管理层是没有生存空间的；不能给股东提供回报的公司，也不会有股东长期投资。因此，在市场环境下，公司是必须要给股东回报的，而且其数额必须满足股东的期望，至少不能低于股东投资时所承担的机会成本。

所以，公司使用股东的钱也会有成本，数额大约等同于股东所承担的机会成本。那么，如何衡量这个机会成本呢？

这涉及投资项目的比较。有人可能比较极端，用倒卖军火的收益来与公司的投资回报做比较，这是不合理的。因为倒卖军火是违法的，用商业的语言来说，这是一项高风险的业务。我们都知道，收益和风险是相匹配的，如果没有承担高风险，就不能要求高回报。这告诉我们，在选择可比较项目时，要选择与标的公司风险水平相当的公司。因此，从业务风险角度来讲，选择那些与标的公司有同样业务的同行业公司，风险是最接近的。一个行业里，有赚钱多的公司，也有赚钱少的公司，用行业平均水平是最合理的。基于此，我们用行业平均盈利水平来衡量公司股东权益的资本成本。

综上，两种资本成本及其衡量方式为：

- 债权人投入资金的成本（债务资本成本），用利率来衡量；
- 股东投入资金的成本（权益资本成本），用行业平均盈利水平来衡量。

公司总体的资金成本就是将这两个部分按照资金权重，加权平均得到，公式为：

加权平均资本成本＝债务利率 × 债务权重＋行业平均盈利水平 × 股权权重

比如，一家公司有40%的资金是由债权人提供的，债务利率是8%；有60%的资金是由股东提供的，行业平均盈利水平是15%，由此可以计算出这家公司综合的资金成本，即加权平均资本成本，用公式来计算就

是：加权平均资本成本＝8%×40%＋15%×60%＝12.2%。[注]

这个加权平均资本成本就是投资回报率的及格线。只有公司的投资回报率超过了这条线，我们才能说，公司是赚钱的。

6.4.3 效益与效率决定投资回报率

只有当公司的总资产报酬率大于加权平均资本成本时，我们才能说公司是赚钱的。这就是源于收益要大于成本的基本逻辑。

总资产报酬率，在财务的维度上，还可以分解为另外两个指标营业净利率和总资产周转率的乘积，即：

$$总资产报酬率 = \frac{净利润}{总资产} \times 100\% = \underbrace{\frac{净利润}{收入}}_{营业净利率} \times \underbrace{\frac{收入}{总资产}}_{总资产周转率} \times 100\%$$

我们先来看第一个指标——营业净利率，营利净利率的计算公式为：

$$营业净利率 = \frac{净利润}{收入} \times 100\%$$

我们介绍过，利润表就像一个漏斗，进来的是收入，最后出去的是净利润。所以，净利润除以收入，就是用利润表最后产出的净利润除以利润表流入的收入，由此得出营业净利率。

营业净利率是指企业每卖出一个价格单位的产品可以赚到的单位净利润。即使没有学过会计的人，在日常工作中也会经常见到这个指标。从另一个角度来讲，营业净利率衡量的是从收入产生到净利润形成的过程中企业所发生的损耗。这个损耗越少，营业净利率就越高。所以，营业净利率是一个描述公司业务效益的指标。

[注] 这里没有考虑利息的税盾作用，即支付利息可以减少税收。如果考虑利息的税盾作用，加权平均资本成本＝债务利率×（1-所得税税率）×债务权重＋行业平均盈利水平×股权权重＝8%×（1-25%）×40%＋15%×60%＝11.4%。

第二个指标是总资产周转率，这个指标看上去不太直观，因为收入和资产之间似乎并没有什么联系。

我们讲过，公司总是在重复着从现金到现金的周而复始的循环。在这个循环的过程中，公司资本从现金开始，转了一圈，最后又回到现金。从财务的角度来讲，这就是资产在做各种形式上的转化。刚开始投入的现金可能变成了厂房、设备，可能变成了原材料，可能变成了产成品，也可能变成了应收款，等等。

之所以不断重复这一循环，是因为公司是通过这样的循环来赚钱的。每循环一次、转一圈，就能获得一笔收入，创造一次利润。所以，要想获得更多的收入，就要尽可能地让资金周转更快。用获得的收入总额除以资产总额，表示资产一年循环的圈数，我们称它为总资产周转率，计算公式为：

$$总资产周转率 = \frac{收入}{总资产}^{\ominus}$$

显然，如果一家公司的总资产一年只循环一次，而另外一家公司能循环两次，那么，后者比前者的资产周转速度更快，而快慢往往意味着效率。

由此可见，公司的投资回报率取决于两件事，一是效益，二是效率。换而言之，要想让公司赚更多的钱，就要让公司获得更高的投资回报率。要获得更高的投资回报率，要么提高效益，要么提高效率。从商业思维的角度来说，我们需要思考的是，我们做出的每一个决策，到底是能提高效益，还是能提高效率，抑或是没有发生任何作用？

6.5 行业与战略：向谁要盈利

6.5.1 行业是如何影响投资回报率的

影响盈利的因素有哪些是很多人非常关心的一个问题，其实，商业决

⊖ 严格的计算方法应该是收入除以资产均值，通常用年初与年末资产之和除以2计算均值。

策对公司的效益、效率是至关重要的，这也意味着，它能在很大程度上对企业的盈利产生影响。

这里谈到的商业决策可以归结为三个方面：

一是公司做哪些业务，即行业选择；

二是公司选择什么样的方式来做这些业务，即战略选择；

三是制定战略后的战略执行。

我们首先从行业选择的角度来进行探讨。

在进行行业分析时，有一个非常经典的分析工具，叫五力模型，它展示了决定一个行业盈利能力的五种因素，如图6-6所示。

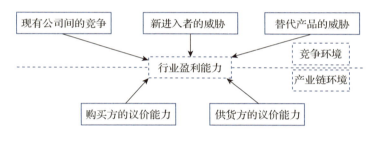

图 6-6 五力模型

我们把这五种因素归结为两个方面：竞争环境和产业链环境。

1. 竞争环境

五力模型的上半部分有三个要素，分别是现有公司间的竞争、新进入者的威胁和替代产品的威胁。

现有公司指的是与我们处于同一个行业中的公司，也就是通常意义上的竞争对手，它们与我们有一定的竞争关系。

新进入者指的是原来并不在这个行业，但被该行业的利润所吸引，在不久的将来可能会成为该行业一员的潜在对手。一旦它们进入了这个行业，无疑会加剧原有行业的竞争程度。

替代产品的威胁指的是目前某个行业或产品对该行业没有直接威胁，但是在未来的某个时间，因为技术的发展可能会颠覆这个行业原有的体系。我们目睹了很多这样的例子，比如数码相机对胶片相机的取代、智能手机对按键手机的取代。也许在未来，人工智能会颠覆很多职业，这些潜在替代产品的存在，给企业带来了一种未来可能会出现的竞争。

以上三个要素都与竞争有关，只不过有的竞争是已经存在的，有的竞争是不久之后将会到来的，还有一些竞争不知道会在什么地方出现。

对一家企业来说，竞争带来的最直接冲击是什么呢？

可以想象一下，当一家企业面临竞争时，它的第一反应往往是降价，以此来保持原来的销售份额。但价格虽然降了，成本却不会跟着降，于是就出现了这样的一个结果：降价导致收入下降，但成本并未下降，收入与成本的差额变得更小。用财务的语言来说，就是毛利率下降了。由此可见，竞争对一家企业最直接的冲击，表现在财务上就是毛利率的下降。

因此，如果我们想了解一个行业的竞争环境，可以采用一个简单可行的方法——找几家同行业公司，看看它们的毛利率水平是多少，不同数据背后竞争环境是完全不一样的。

行业状况会影响一家企业的盈利空间。在一个竞争激烈的行业里，利润空间是相对较小的，因为行业整体的毛利率水平较低，这在利润表中可以直观地看到。实际上，最初的收入已经限定了一家企业盈利的天花板，哪怕费用水平再低，就算是不交税，企业也不可能突破毛利率水平，而行业的竞争环境决定了行业企业基本毛利率的大致范围。

2. 产业链环境

五力模型的下半部分包括两个要素：一是购买方的议价能力，二是供货方的议价能力。购买方是企业的下游，供货方是企业的上游，代表了行业的上下游产业链环境。

企业所在行业的竞争越激烈，下游购买方的选择就越丰富，有时甚至会挑肥拣瘦，比如要求降价。除了要求直接降价外，还会变相地要求企业间接降价，比如提升服务、增加服务、提高质量等。

此外，购买方可能带来的另一个重要冲击是延长账期。随着议价能力的上升，购买方有了与企业讲条款的资本。比如，拿到货后不马上付款，要过一周、一个月、一个季度甚至一到两年再付款。竞争环境越激烈，下游购买方的议价能力越强，拖延账期的可能性也就越大。

当然，企业与购买方之间的议价能力不仅取决于行业自身的供求关系，也取决于购买方所处行业的现状。一般来说，行业集中度越高，大客户的议价能力越强。除此之外，购买方的议价能力还与其转换成本相关，即换成另一家供应商需要承担多少成本。

接下来，我们来看处于产业链上游的供货方的议价能力。

企业与供货方之间的议价能力主要取决于上游原材料市场的供求关系。如果原材料市场是一个供不应求的市场，供货方就占有主动权。他们可以趁机抬高原料价格，同时采取比较严格的收款条件，比如一律付现、概不赊销，更有甚者会要求预付货款才能买到货物。这样一来，不仅下游会占用企业的资金，上游也会占用。

同样的道理，供货方议价能力也不仅仅取决于上游的供求关系，还取决于供货方是大公司还是小公司，以及供货方的转换成本。

企业的上下游产业链环境在一定程度上是与竞争环境相关联的，同时也会产生一些额外的影响：它不仅仅体现在对毛利率的影响上，还体现在企业付款和收款的条件上。

那么，具体来说，行业因素是如何影响企业的投资回报的？

一家企业总在重复一个从现金到现金的周而复始的循环，在这个循环过程中，会经历许多具体的业务环节，首先是用现金购买原材料的采购环节。这里需要注意一个关键问题——付款周期，它会决定整个业务运作的效率。预付1个月拿到货，肯定比预付10天拿到货的付款周期更长。付款周期长，意味着从现金开始循环一周再回到现金的时间变得更长，一年内现金周转的总次数变得更少，效率被拉低了。采购之后，是原材料变成产成品的生产环节、产成品变成应收款的销售环节，以及应收款变成现金的收款环节。把采购、生产、销售等环节的周期加总，就得到了一个完整的企业经营周期，如图 6-7 所示。

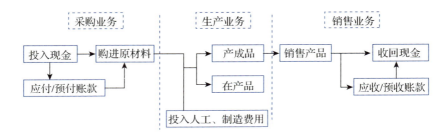

图 6-7　企业的经营周期

每个业务环节的周期越短，企业整体的运行周期就越短，一年内可运行的次数就越多，周转率就越高。周转率可以用来衡量公司日常业务运行的效率，周转率越高，说明公司效率越高，反之，则公司效率越低。

如果上下游产业链环境紧张，那么，企业将会处于非常不利的境地。上下游具有更强的议价能力，这会导致企业需要更早地支付现金才能拿到原材料，而且，在销售商品环节，企业也要经过很长时间才能收到现金。这样一来，业务运行的周期会很长，企业的周转率或效率就会变得很低。

由此可见，行业因素会同时对效益和效率两个指标产生影响，并进而给企业的投资回报带来一定的影响。

6.5.2　用战略拥抱利润

在一个行业里，用什么样的方式做生意，我们称之为战略定位。战略定位与企业盈利也有着密切关系。

战略定位通常有两种：成本领先战略和差异化战略。

1. 成本领先战略

成本领先战略，指的是企业提供的产品和服务是没有太多特色的大众化产品和服务，企业需要想方设法地降低成本以获得竞争优势。

降低成本的方式有很多，比如扩大规模、提高效率、少做广告、少做研发、把产品设计变简单等。当然，企业还可以通过实施严格的成本控制体系来降低成本。无论采用什么方法，只要能把成本降到比竞争对手低，企业就能获得优势，占据主动。比如，其他企业生产某个产品的成本是100元，而我们的生产成本只有95元，那么，我们就有了对这个产品的定价权。我们可以把价格定在98元，保证自身的盈利，而竞争对手却会因无法长期承受这个价格而出局。

日常生活中，我们经常听到"薄利多销"，这个词恰好可以形容成本领先战略。从财务的角度来理解，"薄利"是指毛利率较低，也就是企业产品的定价低，可以仅比成本高一点；"多销"指的是在同一周期内的销量大，也就是高周转率、高效率。

因为毛利率较低，所以实施成本领先战略的企业效益水平不会太高，但因为周转率比较高，所以这样的企业往往具有较高的效率水平。从财务的角度来看，成本领先战略是一种效率制胜的战略，主动牺牲一部分效益来换取效率。

2. 差异化战略

差异化战略与成本领先战略正好相反，采用差异化战略的企业会想方设法地让产品具有特色，比如丰富的种类、优质的质量、周到的售后服务、先进的产品功能等。

差异化产品因为具有其他竞品不具备的独特之处，所以可以采用较高的定价，达到很高的毛利率。不过从常识来看，高端产品的需求量相对会少一些，卖得没有那么快，在一定时间内销量不会太大。换言之，差异化战略是一种高毛利率、低周转率，即高效益、低效率的策略，主动牺牲一部分效率来换取效益。

以上两种战略的实施路径是不同的：成本领先战略选择的是效率制胜之路，而差异化战略选择的是效益制胜之路。但二者的最终目标是一致的——尽可能地赚更多的钱。用财务语言来说，就是尽可能地获得更高的投资回报，至少要高于企业的加权平均资本成本。

战略选择的不同会导致公司财务数据的不同。我们来看一个具体的例子。民丰特纸与福建南纸同处于造纸行业。民丰特纸实施的是差异化战略，专注于卷烟纸，卷烟纸的用量虽然少，但能达到高毛利率。福建南纸是我国新闻纸产能排名前10的公司之一，靠扩大规模、降低成本制胜，实行的是成本领先战略。

采用差异化战略的民丰特纸表现出较高的毛利率，但较低的周转率；采用成本领先战略的福建南纸，则表现出正好相反的特点，周转率较高，但毛利率较低，如表6-3所示。

表6-3 民丰特纸与福建南纸的比较

民丰特纸	福建南纸
差异化战略	成本领先战略
专注利润高的卷烟纸	提高规模、降低成本
高毛利率、低周转率	高周转率、低毛利率

因此，不同的战略定位会使处于同一个行业、拥有同样的商业环境、具有类似效益和效率的公司有完全不同的财务表现。

当行业的竞争环境不一样时，毛利率水平会有很大的差异。比如，2016年，整个白酒行业的平均毛利率是50%，像贵州茅台这样的企业毛利率甚至高达91%，而同年钢铁行业上市公司的平均毛利率只有14%。

如表 6-4 所示，一个 50%，一个 14%，行业竞争环境的差异一目了然。

表 6-4 白酒行业和钢铁行业平均毛利率对比

白酒行业	钢铁行业
50%	14%

前面介绍过，五力图中的五种力量可以分成两个方面：一是行业内部的竞争环境，二是上下游的产业链环境。因为它们都会影响收付款的周期，所以也都会对财务数据产生影响，并最终决定一个行业基本的盈利空间及行业效率的基本状况。

我们再来看两个例子：一是软件行业的东软集团，另一个是家电零售行业的苏宁云商。软件行业一直是一个毛利率较高的行业，竞争不太激烈。家电零售行业曾经是一个比较赚钱的行业，但现在的整体竞争非常激烈。苏宁云商这两年受到京东的冲击，业绩并不乐观。

我们来对比两家公司 2016 年的三组数字，如表 6-5 所示。

表 6-5 东软集团和苏宁云商对比

项目	东软集团	苏宁云商
毛利率	30%	14%
应收账款占总资产的比重	12%	0%
应付账款占总资产的比重	9%	28%

东软集团 2016 年的毛利率是 30%，而苏宁云商则是 14%，很明显，两家公司所处行业的竞争环境有很大的差异。

从应收账款占总资产的比重来看，东软集团达到了 12%，而苏宁云商的应收账款是 0。应收账款反映的是企业与客户的谈判能力，苏宁云商主要从事的是 to C 的业务，它的客户主要是个人消费者，因此，应收账款的数额非常少。但东软集团是从事软件开发的，它的客户都是企业，处于比较强势的地位，因此它的应收账款数额偏大。

最后，我们再来比较一下应付账款占总资产的比重。东软集团的应付账款占总资产的 9%，而苏宁云商却占到了 28%。苏宁云商的上游供应商是家电生产企业，这几年，家电生产企业已进入良性发展阶段，所以像苏宁云商这样的零售商对上游供应商的谈判能力已经大大下降，但是还处在一个相对较高的水平。而东软集团作为一个软件开发企业，并没有太多需要采购的物料，因此它的应付账款占总资产的比重就处在一个较低的水平。

由此可见，行业环境会直接影响企业毛利率水平及收付款条件。

除了战略定位外，战略的执行也会影响企业的效益和效率。

我们仍以造纸业为例。如果一家企业采取的是成本领先战略，但没有福建南纸那么高的周转率，毛利率也比较低，而另一家采取差异化战略的企业，没有民丰特纸那样高的毛利率，周转率也同样很低，问题出在哪里？为什么战略应该显现的低指标是符合的，但应该表现出来的高指标却没有出现？

其实，战略的实质是一种取舍，是企业为了追求在某方面的优势而主动舍弃其他一些因素。如果一家公司该低的指标是低的，该高的指标却不高，就说明该舍掉的那部分确实舍掉了，但应该得到的那部分却没有得到。换言之，如果只有付出而没有得到回报，就说明公司在战略执行的过程中出了问题。

至此，我们可以体会到，财务数据不仅仅能体现战略的选择，也能体现战略的执行。效益和效率，不仅受行业、战略定位的影响，也受战略执行的影响。

6.5.3　企业盈利靠行业还是战略

对企业来说，要想最终赚到钱、获得商业上的成功，到底要靠什么？是选择好的行业，还是靠好的战略定位、战略执行？

我对过去 20 多年里上市公司的分行业数据做过专门研究，研究表明，行业未必是决定投资回报水平的最重要因素，高竞争环境的行业与低竞争环境的行业，赚到的钱可能是一样多的。尽管行业的选择的确会影响效益和效率，但对企业的盈利能力却不会起到决定性的作用，任何一家企业都不可能只靠选择行业就获得盈利。其实，在任何行业都可以赚到同样多的钱，不是只有在竞争不激烈的好行业才能赚到钱。不过，在不同的行业中，赚钱的方法是不一样的。在竞争不激烈的行业中，毛利率和净利率较高，在这种情况下，效益是我们企业的重要驱动因素。在竞争激烈的行业中，随着竞争的加剧，毛利率和净利率大幅度下降，企业必须通过更高的周转率来赚钱。这就是行业对于企业盈利这一最终目标产生的影响。

战略对企业盈利的影响又是怎样的？图 6-8 能带给我们一些启示。

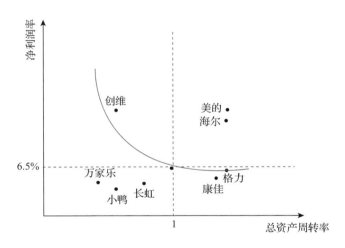

图 6-8　各企业的总资产报酬率

这张图的纵坐标是净利润率，横坐标是总资产周转率，也就是说，我们是以效益指标作为纵坐标，效率指标作为横坐标，展示了同一个行业里的不同企业。

在这张图上，我们可以看到一条等投资回报率的曲线，并把行业内的企业标注在这张图上。

　　为了使观察更直观，我们在图中增加两条虚线，横的虚线代表行业平均利润率水平，竖的虚线代表行业平均效率水平。

　　这两条虚线把整个平面分成四个区间，处于左上角区间的是高效益、低效率的公司。从战略定位角度来看，这些企业采取的应该是差异化战略。处于右下角区间的企业则正好相反，应该是采取的成本领先战略，它们的效率较高，但是效益较差。

　　我们会发现，这两组企业基本处于同一条曲线上，即它们的盈利水平相当。这说明，战略本身并没有好坏之分，实行差异化战略的公司并不一定会比实行成本领先战略的公司赚更多的钱，实行成本领先战略的公司也并不一定就比实行差异化战略的公司赚钱更容易。由此可见，战略的选择也不是决定企业盈利能力的最根本因素。

　　那么，到底什么才是决定企业盈利能力的最根本因素？

　　我们来看图左下角的几家公司，它们的战略定位是不一样的。有的公司可能采取的是成本领先战略，有的公司可能是差异化战略，但它们并没有处于应该在的位置上。这说明它们只是宣称要执行某项战略，实际并没有实现这项战略。

　　不同战略之间没有先天的优劣之分，但不同企业对战略的执行能力却存在差异。如果战略没有被有效地执行，企业就可能落到左下角的区间，从而成为一家不能赚钱的企业。

小　　结

　　从财务角度来看，所有企业运行的最终目标都是盈利，也就是使收益大于成本。对企业而言，收益是投入资金后可以获得的回报，即投资回报。成本是企业获取投资人的资金后为其提供的回报，我们称之为加权平均资本成本。

企业总是追求在一定的加权平均资本成本下投资回报的最大化，而投资回报取决于两件事，一是效益，二是效率，可以分别用营业净利率和周转率来衡量。

从商业的角度来看，企业主要关心三方面的问题：一是企业的行业选择；二是企业在行业中用什么样的方式做生意，即战略选择；三是企业的战略执行。以上三个因素对效益和效率都有影响，但无论是行业选择，还是战略定位，都不能决定企业最终的盈利能力。也就是说，企业不会因为选择了一个好的行业就赚钱，也不会因为采取了好的战略就赚钱，赚钱的关键在于把已选定的战略有效地付诸实施，因此，战略执行才是决定企业能否赚钱的最重要因素。

第 7 课

营　销

　　营销是企业经营活动的核心，是企业所有环节中最重要、最难把握的一环，它关系到企业的产品能否卖出去，是生产者的劳动成果产生价值的关键。

　　如果一个企业连营销都做不好，其他的所有努力就都会付之东流。从这个角度来看，企业采取的一切管理举措都是为营销服务的，如果不能为营销服务，管理制度、举措对企业而言就是负资产。负资产越多，企业离失败越近。

　　这一点对创业企业也不例外。有统计数据显示，国内外创业企业大多以失败告终，真正能存活下来的只有极少数。很多失败的创业企业都曾拥有原本被大家看好的产品，为什么最终却无法存活下去？原因或许在于营销。

　　广义的营销涉及产品研发、客户分析、市场细分、营销定位、品牌传播、营销策划、渠道政策、促销方式、销售等多方面。因篇幅所限，在此仅遴选重点阐述。本课内容的前提是：企业已有很好的产品和明确的市场定位，重点聚焦于如何让市场知晓这些产品，如何激发消费者的购买欲望、抓住客户的心。为便于理解，本课基于客户的习惯和市场发展的规律渐次展开。

——姜旭平
（清华大学经济管理学院教授）

7.1 认识营销

7.1.1 什么是营销

现阶段，对于营销，很多人存在认知误区。有些人认为，营销就是产品推销；还有些人认为，营销就是销售，这两者没有什么区别。

其实，营销和销售是完全不同的。在大学里，设立营销系、营销专业以及开设营销类课程很常见，但很少有学校有销售系、销售专业以及销售类课程。营销以人为主要对象，关注的重点是人；而销售则以产品为主要对象，关注的重点是产品销售的结果。

如果不能认识到营销与销售之间的区别，我们就很难理解营销的重要性以及营销的逻辑。

那么，到底什么是营销？从广义上来说，营销是企业围绕利润实现和价值实现展开的一系列活动，包括产品研发、客户分析、市场细分、营销定位、品牌传播、营销策划、渠道政策、促销方式、销售等。简而言之，营销是企业把产品卖出去的方法、策略和过程，是企业一切经营活动的核心。

从这个角度理解，销售只是营销的一个环节，而且是最后一个环节。有观点认为，营销对于销售至关重要。营销做好了，客户会自动找上门，销售自然好做。如果没有营销支撑，销售就相当于"蒙眼飞行"，是非常困难的。

企业想把营销做好，要从以下三点入手。

一是做好产品。好产品是营销的基础，而要把产品做好，需要企业从产品的质量、功能、价格、性价比、外观、差异化等方面进行综合考虑，努力做到满足市场需求并实现最高的性价比。

二是让对产品有需求的客户能找到你。

三是大力宣传，让市场知道该产品的存在，了解拥有该产品所能获得的价值。

以上三个步骤组成了"营销三部曲"。第一步相对独立，可单独作为一个环节，后两步结合较为紧密，有一些共同的规律，可合并成一个环节，即营销传播环节（本章将重点聚焦于此环节）。

在营销实践中，企业在面对这两个环节时，思维方式是完全不同的：在做好产品环节，企业追求的是极致、严谨、务实和精益求精；在营销传播环节，企业追求的是灵活、创新，因生产和客户群体而变，不拘一格。

7.1.2　从引发好奇到促成购买

当企业有了好产品后，它最想做的事就是广泛宣传，让更多人知道（恨不得让全世界都知道）自己的产品不但质量高，而且价格适中，服务也非常好，这个过程就是营销传播。营销传播希望达到的效果是让人们知晓产品并产生好奇，感到该产品对自己是有用的，进而渴望拥有。

一旦潜在客户感到该产品对自己有用并渴望拥有，他就有可能通过一些渠道搜索产品的相关信息，进行深入了解。经过进一步了解后，如果客户确认该产品能满足自己的需求，就会产生购买欲望，做出购买行为。至此，营销传播的基本过程就已完成。

过去，企业通常是借助传统媒体、广告来进行营销传播，促使潜在客户前来购买产品。如今，客户行为模式和市场环境都发生了变化，网络在人们生活中的作用越来越重要，企业的营销也要与时俱进，更多地使用网络营销方法抓住市场。如果企业不重视这一点，长此以往，客户和市场就会被竞争对手瓜分、蚕食，这样的场景绝不是企业希望看到的。

那么，如今的营销与以前相比发生了哪些变化呢？

其一，营销传播的媒介发生了变化。传统媒体和广告虽然仍是常用的传播途径，但互联网、移动互联网等新媒体在营销中所占的比重越来越大。推广方法也不再局限于传统的自卖自夸式广告，讲故事、热点话题、网红引导等方式更能引发大众对产品的好奇与关注。

其二，过去，人们知道产品并产生需求后，通常会直接去看货、购买。现在，人们对产品产生好奇感后，一般不会直接去看产品实物，而是先到搜索引擎上搜索相关信息，或者浏览产品主页。发现产品能满足自己的需求，他们才会与企业接洽。在这个过程中，如果企业的网络营销和客户服务水平较高，客户的购买欲望就会被激活，进而掏钱购买。

为便于理解，我将当代企业的营销基本过程制作成示意图，如图7-1所示。

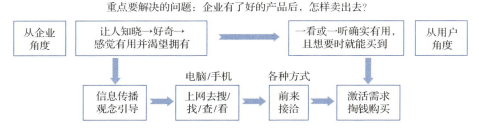

图7-1 当代企业的营销基本过程

7.2 常见的营销方式

7.2.1 搜索引擎营销

在当代营销基本过程中，客户利用搜索引擎了解产品是一个非常重要的环节。这种搜索行为正是企业搜索引擎营销的出发点。

请先设想以下两个场景。

场景一：你因工作需要到某城市参加一个大型商业活动，并由此认识了很多新朋友。在与这些新朋友聊天的过程中，你偶然得到了一个产品的相关信息（可能是原材料的信息，可能是特殊工艺的信息，也可能是特殊生产加工设备的信息),你对这个产品产生了浓厚的兴趣,但在活动现场你没办法对产品进行详细了解。请问:在这种情况下,在活动结束后,你会如何寻找关于这个产品的更多信息?

我相信,很多人都会说"上网去搜"。如果你在对某个产品(或某个客户、某个供货商、某个业务)产生兴趣或需求时会上网去搜,那么,你的客户在对你的产品感兴趣或有需求时也一定会这样想、这样做。

场景二:在没有看到、听到任何广告或受到任何商业信息干扰的情况下,如果你出于自己的需求想要得到某个产品或某些知识,你会如何寻找相关信息呢?

绝大部分人的回答仍会是"上网去搜",这再次印证了搜索引擎对于营销的重要性。

这种观点也得到了一些调查研究的支撑。早在2006年,我们团队就在清华大学经管学院做了一次涵盖三个样本群体的大规模调查:第一个样本群体是普通研究生、MBA学生、EMBA学生(我们认为这些人将会成为未来的高管);第二个样本群体是社会大众,由调查人员在街头随机进行询问;第三个样本群体是清华大学经管学院总裁班的学员,他们来自全国各地,主要是民营企业的高管。

在调查中,我们向调查对象询问了一个问题:当对某个产品(某个业务)有需求时,你会怎么做?我们给出了四个选项:一是问朋友;二是查供货商名录,打电话询问;三是上网搜索;四是查广告。

在对调查结果进行统计分析后我们发现,在第一个样本群体中,近96%的人选择了"上网搜索",其他选项几乎没人选。请注意,2006年的互联网发展水平还是相对较低的,在这种情况下,学生们给出了这样的答案足以说明搜索引擎营销具备很大的发展空间。我们原本认为,另外两个样本群体中选择"上网搜索"的人会少一些,但事实并非如此:接受调查的社会大众有约 60% 的人选择了"上网搜索",接受调查的总裁班学员有约 70% 的人选择了"上网搜索"。具体数据如图 7-2 所示。

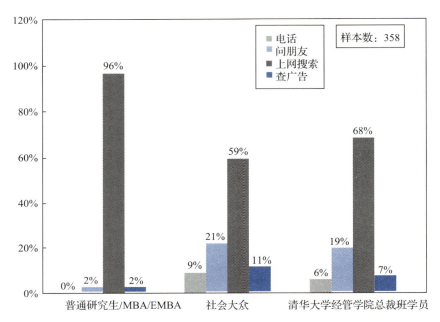

图 7-2　关于产品信息获取途径的调查结果

注：样本群体分别为来自清华大学的学生群体及在北京、香港、天津、湖南、上海等地参加街头随机询问的群体。

以上数据说明,在当今社会,上网搜索已成为人们有需求时的普遍行为。这对企业非常重要：如果企业下游的客户有需求都会上网搜索,搜索引擎对企业来说就是极好的发掘业务需求和抢占市场的工具。

如果那些还在抱怨找不到客户、没有市场的企业能及早掌握搜索引擎营销的相关方法,它们就会发现：就在自己的眼皮子底下存在着一个巨大的市场。此时,企业需要做的是通过搜索引擎营销把这些需求引向自己。

那么,企业应该如何做搜索引擎营销？

要做好搜索引擎营销,企业首先要研究的一点是：当潜在客户有需求时会通过什么方式进行网络搜索？要研究他们的习惯,摸清规律,顺势而为。

一般而言，他们会在某个搜索引擎上用某个特定的关键词进行搜索。因此，我们应该分析潜在客户可能会用哪些搜索引擎、哪些关键词，会选择点击哪些内容或链接，等等。值得注意的是，对企业而言，选好关键词并使关键词发挥桥梁作用非常重要。只有研究清楚这些问题，企业才能将大量的潜在客流引导到本企业，让有需求的潜在客户主动找上门。

综上所述，企业想制定出好的搜索引擎营销策略，一定要做好以下四点。

第一点：研究客户行为，根据客户的习惯选择搜索引擎营销载体。

根据客户的习惯选择搜索引擎营销载体至关重要。如果你的客户大部分来自国内或是在国外经商的中国人，并且企业生产经营的产品是一般性产品，那么，他们通常更习惯使用百度，因为百度在中文搜索市场占据非常高的市场份额。如果你的客户大部分来自国外且主要是外国人，那么他们通常更习惯使用谷歌，因为谷歌在国外（英文搜索市场）占据非常高的市场份额。如果你的企业是餐饮类企业，那么，你的客户可能更习惯用大众点评、美团、饿了么等平台搜索信息，因为它们在餐饮领域拥有较大影响力，人们订餐时多会选择这些平台。

总之，要根据客户行为来选择搜索引擎营销载体，这是做好搜索引擎营销的第一步。

第二点：根据客户的习惯和需求选择关键词。

在选择关键词的过程中，企业要聚焦的不是网络，也不是技术，而是客户的习惯和需求。企业要根据客户的搜索习惯和需求来选择关键词，并确保客户在用这些关键词进行搜索时能看到与企业产品相关的信息和链接。

第三点：通过所选的关键词逐一反推客户可能的搜索动机和目的，并有针对性地制作广告和编写搜索结果下面的文字摘要。

之所以要这样做，是为了确保客户在用这些关键词搜索并看到搜索结果时，能被企业展示的内容吸引，从而点击相应的链接。

　　第四点：精准链接。

　　关键词搜索结果页面的链接不能统统指向企业网站的首页，而要直接指向与客户搜索关键词最相关的页面（即客户最感兴趣的页面）。因为企业网站的内容非常多，客户是没耐心慢慢翻找的，如果企业不直接展示与关键词最相关的内容页面，客户很可能会流失掉。因此，企业一定要精准链接，将客户感兴趣的内容页面直接呈现在他的面前，并争取在第一时间用最专业的产品、技术和服务抓住客户。

　　如果企业能做好以上四点，就能将大量在网络上寻找产品信息的潜在客户引流至本企业。

　　也许有人会问：现在人们对手机的依赖性远大于电脑，搜索引擎营销是否会因此被淘汰？我的答案是"不会"，人们在手机上同样会搜索信息。搜索引擎对企业来讲只是营销工具，工具本身是没有好坏或先进落后之分的。一种工具是否会被淘汰，关键要看是否有人愿意使用它。在当今这个信息社会，只要人们的搜索行为仍然存在，搜索引擎营销就会永远存在。

7.2.2　渠道营销

　　在与企业管理者交流时，我经常听到他们抱怨经济形势不好、需求不足、市场不大，有了好产品却苦于找不到客户、需求和市场。真是如此吗？对此，我们也有疑问，于是便做了一些市场调研，结果发现了一个很有意思的现象：一方面，企业因为产品找不到客户、需求和市场而苦恼；另一方面，企业下游的客户也在抱怨，自己有需求却找不到好的供货商和价廉物美的货源。

　　也就是说，企业千方百计要找到的"他"，其实也在千方百计地找寻企业。这说明，在现阶段，企业有了好产品后真正缺乏的不是客户、需求和市场，而是沟通的纽带和使产品通向市场的桥梁，即渠道。

目前，企业主要使用两类方法搭建使产品通向市场的桥梁：

一是铺货、布点和渠道管理，这是传统方法；

二是使用网络手段，通过网络引导更多的客户主动上门。

如果使用第一类方法，企业应在靠近市场和客户的地方多建销售网点，与尽可能多的经销商、代理商建立关系，拓展更多渠道。此外，企业还需要制定对经销商有吸引力的销售政策和价格策略等，以尽可能地调动他们的积极性，促使他们帮助企业销售更多产品。

但使用这类传统方法的企业会遇到一些问题。其一，企业很被动，只能"守株待兔"，每天蹲守在销售网点等待有需求的客户上门。其二，房屋租金、人员工资、产品陈列费用等成本压力比较大。其三，虽然企业付出了巨大的成本，但营销覆盖范围很小（只能覆盖销售网点周边几公里），而且会受到很多限制。不过，尽管传统方法存在明显不足，在以往的市场环境下，它几乎是所有企业的唯一选择。

随着时代的发展，企业又多了一种选择，即网络渠道。从逻辑上来说，采用这种方法的企业，可以利用网络无地域限制的特点及对客户习惯的了解最大限度地挖掘市场潜能。上一节所讲的搜索引擎营销就属于这类方法，采用搜索引擎营销的企业可以引导大量有需求的客户主动上门，把更多产品推送给目标市场和目标客户。

与传统方法相比，挖掘网络渠道的企业会获得很大优势。其一，企业可以"主动出击"寻找客户，营销效率和效果更有保障。其二，企业的投入和成本压力较小。其三，企业营销传播的覆盖范围更大，而且在市场拓展方面几乎没有任何限制（如有限制，也主要来自语言方面，而非地域）。

综上所述，在渠道营销方面，我们会建议企业着眼于两个方面。一方面，多铺货布点，与更多经销商建立密切联系。如此一来，企业可以把更多的产品配送到经销网点，直接面对市场与消费者，这对提高销售额是非常有利的。另一方面，积极开展搜索引擎营销，使更多的经销商、代理商、终端客户能够通过搜索引擎找到企业，从而对企业的产品有更深入的了解。

举个例子，2004年，一家食品生产企业A（以下简称"A企业"）找到我们，希望我们帮它解决渠道问题。众所周知，在食品这种传统行业中，经销商的变动非常频繁。很多经销商因为与A企业的合作出现了一点点小问题，就减少或放弃与A企业的合作，转向其他企业。因此，我们一方面建议该企业尽可能多地铺货布点，以抓住传统经销商；另一方面，利用电话和网络的方式帮它优化渠道管理，让那些传统经销商能够死心塌地地与之合作。

在当时那个年代，智能手机尚未出现，手机的普及率不像今天这么高，功能也不够完善，因此人们不能使用手机来便捷地完成很多操作。不过，有一种通信设备可以帮助人们完成某些特定的操作，就是网络电话。网络电话与普通电话的外观几乎一样，二者的区别是网络电话有一个很大的液晶屏，且配有一支笔，使用者可以用这支笔点击液晶屏来完成一些操作。鉴于网络电话有这样的特点，而且售价也不高，我们建议企业统一订购一批网络电话，将它们免费送给传统经销商（如批发商和小商店等），并且告诉他们："这个电话不要钱，你们随便使用，只是在你们需要订购瓜子时，记得用电话上的笔点一下屏幕上的'瓜子订货'图标，写下需要瓜子的种类、数量以及送货时间，然后点击'确认'按键。只需要这一个小小的操作，我们就会按订货要求送货上门。"当经销商点击"确认"按钮后，系统会自动地将此订货信息以短信的方式发送给A企业。收到短信后，A企业的系统立刻根据发出短信的电话号码识别订货商的身份信息和送货地址，然后按照需求信息从距离最近的商业配送点调货，准时足量地将产品送达。

A企业采纳了我们团队的这个建议。经过一段时间的试验后，我们发现，经销商的流失率大幅度下降，他们都认为这种订货方式非常方便，于己有利。再加上 A 企业的瓜子本来就很有知名度、广受消费者喜爱，越来越多的经销商主动找上门来寻求合作。仅通过一部小小的电话，经销商与企业的产品和业务便牢牢地捆绑在一起了。

后来，为了进一步帮助其提高渠道管理和营销服务能力，我们又向 A 企业提了一个建议：将短信存储到企业数据库中，建立一套市场预测和生产管理系统，以确保企业能向市场提供更满意的产品。之所以提出这样的建议，是因为数据库可以帮助 A 企业对短信包含的需求信息进行汇总分析。如此一来，A 企业就可以了解各个地区的消费者更喜欢什么口味的瓜子，以及他们每周能吃掉多少箱瓜子等信息。得到这些信息后，A 企业就能按照各地消费者的不同口味偏好有针对性地生产和投放产品，做到有的放矢，从而降低库存积压和客户流失的风险。相关信息流动方向如图 7-3 所示。

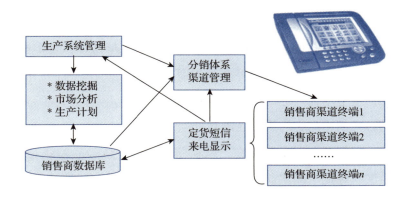

图 7-3 网络电话带来的相关信息流动方向

A 企业采纳了这些建议，其销售额大幅度提升。

后来，一些电子元器件生产企业也按照我们的建议使用同样的方法对渠道管理方式进行了改进，取得了很好的渠道管理成果。

当然，现在我们是不会再提赠送网络电话这样的建议了，因为这种电话已经被淘汰了，取而代之的是铺天盖地的智能手机，企业可以利用智能手机以更简洁、更便捷的方式展开渠道管理。其实，无论是网络电话还是智能手机，它们只是工具和网络的载体，随着科技的发展，以后一定会有更先进的载体出现，而企业要做的是紧跟时代潮流，用时下最先进的科技搭建使产品通向市场的桥梁，将更多的需求和客户引向企业。

在这个过程中，企业一定要注重思维方式的改变以及对先进知识、方法的把握，这两者是使产品走向更广阔市场的重中之重，也是企业做大做强的关键。

7.2.3 品牌营销

品牌的内涵包括企业的产品质量、服务质量、诚信水平和履行社会责任的程度等。品牌是企业营销的灵魂，纵观那些百年老店，无一不是以品牌优势屹立于世界企业之林。

对于品牌，我国很多企业，尤其 OEM 企业（代工生产商）都有刻骨铭心的教训，早年它们为国外的上游企业代工时受尽压榨，每生产一件产品只能赚取几元加工费，而国外企业拿到产品后只要贴上自己的品牌就能赚几百元甚至上千元。之所以利润差距如此之大，正是因为我国企业没有自己的品牌。创建品牌的重要性由此可见一斑。

不过，有些企业对品牌存在一些误解，比如，认为品牌就是知名度，有了知名度就能把产品卖高价，于是斥巨资投放广告、传播品牌。但这虽然能提高其品牌的知名度，却不能使它们收获理想的营销效果，甚至还会引起消费者的反感。这样的例子比比皆是，比如有一家企业曾花巨资在各家电视台的不同时段投放同一广告，在这个广告中同样的一句话被重复了无数遍，最后这家企业不但没有获得正面的品牌效应，反而遭到了市场和消费者的厌弃。

企业想拥有自己的品牌，从本质上来说是想在消费者心目中建立品牌价值，让消费者认识到企业及其产品能为市场、客户、消费者带来价值。从这个角度来看，品牌是企业和产品为消费者带来的利益和价值，而品牌名称只是一个符号。因此，品牌传播的关键在于价值传播，如果价值传播不明，符号就没了附着点，品牌名称就失去了意义。因此，企业在做品牌传播时，一定要告诉市场、客户和消费者你的产品能为他们带来什么价值和利益，而不是一味追求在电视上或者其他媒体上混个脸熟。

营销专家杰拉海姆·J. 胡利早在 1998 年就曾阐述过上述观点，他说："品牌传播的目的是将企业产品的某个特征转换为目标客户能够看得见的利益和价值，给客户一个说服自己来购买的理由。"

过去，企业都是通过广告做品牌传播，那些花费巨资投放的广告大多强调的是"我是谁""我有什么东西"。举例来说，前些年人们看到某家企业在中央电视台（以下简称"央视"）做广告，会认为这家企业"财大气粗"，买这家企业的产品有保障，这就是传统广告给人留下的深刻印象。之所以会产生这样的印象，是因为在人们的认知中，在央视做广告需要花费巨额资金（曾经央视每年都会转播黄金时段的天价广告拍卖过程），需要企业具备雄厚的实力，于是就有了这样的推理："在央视打广告的企业都是有实力的企业，有实力的企业产品质量一般是有保证的。"

但是，随着时代的发展，广告在潜移默化中发生了变化，更注重强调"理念传播"和"价值认同"，即企业不仅要在广告中说明"我是谁"，还要说明"我的产品能够为你带来哪些利益和价值"。还以央视为例，现在它已不再转播黄金时段的天价广告拍卖过程了，并且不断加大对品牌的支持力度。为此，企业也应与时俱进，将网络、新媒体与传统方式结合使用，重点宣传企业的产品能为客户带来哪些利益和价值。

7.2.4 体验式营销

当前，我国经济发展非常迅猛，各类企业不断涌现，各种产品推陈出新，这意味着企业之间的竞争将会越来越激烈。为了在竞争中取胜，很多企业都在关注消费升级，都在思考如何把更多、更好的产品卖给消费者。

那么，企业怎么做才能吸引更多消费者购买自己的产品呢？有一个小故事，或许能带给我们一些启示。

小镇新开了一家茶叶店，卖的是"最亲民的茶叶"，也就是那些性价比高的茶叶。老板态度非常好，客户进店，他总是笑脸相迎，要买什么他就卖什么，从不推销。客户（无论是新客户还是老客户）买完茶叶后，老板还会笑眯眯地赠送一小包比其所购茶叶品质更好的茶叶，并说："这是免费送你的，你尝尝，这种茶叶更好喝。"就这样，新客户变成了老客户，老客户变成了老板的朋友，都喜欢来小店购买茶叶。渐渐地，小店的客户越来越多，所购茶叶的档次越来越高，小店的生意做得越来越大。

乍一看，这种情况有点奇怪：茶叶店老板没有做任何推销，但是客户购买的茶叶档次却越来越高，消费真的升级了。为什么？

在我看来，这个小故事能给我们带来四点启示。

启示一：消费习惯的进化过程是不可逆转的。

刚开始买茶叶时，客户可能觉得"茶叶味道都差不多""我就买最便宜的就可以了"，但品尝过老板赠送的好茶叶后，他们再去购买原先档次的茶叶，就会感觉口感差了很多。为了追求口感，客户购买的茶叶档次越来越高，而那些低端的茶叶再也入不了他们的眼了，正所谓"由俭入奢易，由奢入俭难"。这充分反映出，人们消费习惯的进化过程是不可逆转的。

启示二：不要着急向客户推销，要努力和客户交朋友。

推销很容易招致对方的反感，而像茶叶店老板这种"和气生财"的做法，却往往会把客户发展成朋友。一旦客户成了朋友，对价格就不再那么敏感了，对商品质量的容忍度也会提高，对服务过程中的一些细微瑕疵也不会斤斤计较了，生意自然会变得越来越好做。

启示三：让客户体验比直接向客户推销更具杀伤力。

正所谓"有比较才知好坏"，在大多数商业场景中，客户只靠看或摸是无法判断商品品质好坏的。此时，如果能让他们亲身体验一下，肯定比苦口婆心地推销效果更好。

启示四：一定要向客户讲清楚，自己的产品或服务能给他带来哪些利益和价值。

通常而言，只要你能讲清楚自己的产品或服务能给客户带来哪些利益和价值，真正有需求的客户就一定会掏钱购买。如果讲不清楚这一点，任何推销都不会有效果，甚至可能会使你失去一些真正有需求的客户。

以上四点启示对我们理解营销、抓住客户以及深耕市场都非常有帮助。

7.2.5　社会化媒体营销

近年来，以网络为基础的社会化媒体（亦称新媒体、自媒体）蓬勃发展，改变了人际沟通和交往的方式，也使信息传播方式发生了变化。

我们熟悉的微博、微信、Facebook、Twitter、抖音、快手都是典型的社会化媒体。社会化媒体的传播方式与传统媒体有很大不同，它创造了一种"非常另类"的沟通方式——赋予每个人传播信息的权利。在传统媒体环境中，普通民众的声音很少会被大范围传播；而在社会化媒体环境中，普通民众也可以获得表达自己意见与观点的机会、渠道和权利。当你在社会化媒体上发声时，系统会将你的发言按照时间记录下来，形成一条时间轴。如果你发表的意见与观点能引发别人的兴趣，对方就会关注你并邀请你关注他。互相关注后，你们的时间轴会"重叠"，你们可以看到彼此关注的话题与内容。也就是说，你看到的东西，他也会看到；他看到的东西，你也能看到。

人们在社会化媒体上的交流具有非常典型的特征。我们可以把社会化媒体看成一个巨大的广场，置身其中的每个人都可以随意走动，自由交流，渐渐地，人们会自发地形成一个个小群体，这就是所谓的"物以类聚，人以群分"。每个小群体都会呈现出不同的个性特点和兴趣特征，而且成员之间会不断地互相影响。这使得社会化媒体的信息传播速度非常快，就像原子的核裂变一样，呈现出爆炸性的增长趋势。如果企业能充分利用社会化媒体的这些特征，就可以使企业的营销信息像病毒一样在网络上自发传播。

2018年2月，美国商业奇才埃隆·马斯克用猎鹰重型火箭把一辆红色的特斯拉汽车发射到太空中，发射过程不仅引起了世界各大媒体的广泛关注，还在网络上以前所未有的速度疯传。一时间，这条新闻就像病毒一样迅速"占领"了新闻头条。

马斯克为什么会做出这样的举动？事实上，把一辆汽车发射到太空中没有任何实用价值，马斯克之所以这样做，是为了利用社会化媒体的传播特点来开展营销信息传播。

我们可以看一下发射结束后马斯克得到了什么：全世界的人都知道了猎鹰重型火箭的载重能力非常不错（毕竟它能把一辆汽车送上太空）；特斯拉汽车的品牌形象（高端以及科技感、未来感十足）得到了强化。可以说，马斯克没花一分钱广告费就让猎鹰重型火箭和特斯拉汽车得到了极好的广告宣传效果——各大媒体争先恐后地报道，全世界的人在各种社会化媒体上自发地传播。

通过马斯克的例子，我们可以发现，在社会化媒体环境中，企业的营销传播策划呈现出明显的规律性，我们将其称为4I组合。4I是社会化媒体环境下企业营销传播的基石。

1. Interesting（趣味性）

第一个"I"指的是"Interesting"，即趣味性，内容要娱乐化、大众化、反常规。信息富有趣味性是企业引起关注、抓住客户的前提。在当今的社会化媒体环境下，如果企业希望自己的营销信息能在网上引起人们的关注并自发传播，花多少钱不重要，在哪些媒体投放也不重要，重要的是信息一定要有趣味性。如果企业发布的信息没有趣味性，是很难传播开的，更不可能达成病毒式营销效果。

2. Interests（价值性）

第二个"I"指的是"Interests"，即价值性，也就是体现了什么样的价值观。企业要通过营销信息的传播，让客户了解到拥有该产品会获得什么样的利益和价值。价值传播是影响客户购买的决定性因素。比如，马斯克用猎鹰重型火箭把特斯拉汽车送上太空，他的这一举动是要告诉世人猎鹰重型火箭的价值——载重能力极强（这是事关火箭质量的重要指标）和特斯拉汽车极具科技性。

3. Innovation（创新性）

第三个"I"指的是"Innovation"，即创新性，要在思想、时效、观念、功能、方法等方面创新。营销传播策略一定要创新，切不可简单模仿。如果企业不创新，是很难在人群中激起浪花的，毕竟其他企业也是这么做的。创新就意味着要打破现有平衡，让客户的某些看法发生转变。

4. Interactive（互动性）

第四个"I"指的是"Interactive"，即互动性，涉及共鸣、自我展示、张扬个性、社群尊重和导向性等。如今的企业不能像以往一样只靠传统营销传播、单向传播抓住客户，需要通过互动的方式把客户"卷"进来并牢牢抓住，然后诱导客户关注企业想要传播的信息，最终黏住客户，驱动市场发展。

从4P到4C再到4I，营销理论始终处于不断发展中。当下，在社会化媒体环境中，我们应将注意力转向 4I，企业只有掌握了这四个"I"，才能使自己的营销信息得到广泛传播。

7.3 客户是营销的核心

7.3.1 什么是客户关系管理

在营销领域，客户是必须关注的核心要素，做好客户关系管理至关重要。如何抓住客户、黏住客户、留住客户、让客户产生更大价值是所有企业面临的问题，也是客户关系管理研究的焦点。

客户关系管理有两大目的：一是留住老客户，让他们买更多的产品、产生更高的附加价值；二是吸引潜在客户，把更多的消费者变成企业的客户。前者关系到企业如何开展增值服务，后者关系到企业如何扩大市场范围。事实上，这两大目的也是市场营销的目的。

客户关系管理理论源于传统营销理论，但传统营销理论较为宽泛，涉及内容太多（包括产品、研发、定位、品牌、战略等多方面），而且这些内容往往不是一般的营销人员所能参与的。因此，有人站在一线营销人员的角度，从传统营销理论中剥离出了客户关系管理理论。

客户关系管理理论一直处于发展的过程中。20 世纪 80 年代，"接触式管理"理论问世，其主要内容是告诉一线营销人员在直接面对客户时应该怎么做。20 世纪 90 年代，西方学者大卫·克拉特巴克（David Clutterbuck）提出了"客户关怀"理论，该理论从关怀客户这个角度出发，阐明一线营销人员应如何抓住客户、黏住客户、搞好客户关系。1999 年，美国咨询机构 Gartner Group 正式提出了"客户关系管理"（Customer Relationship Management，CRM）的概念，此后，客户关系管理理论在营销领域得到了越来越多的重视。

在企业中，客户关系管理的重要性也日益凸显。需要注意的是，客户关系管理不是简单地对已有数据系统进行管理，对企业来说，做好客户关系管理的关键在于站在客户的角度考虑问题，营销策略要充分兼顾客户的利益，即要让客户看到自己跟企业打交道、做生意能得到哪些利益和价值。如果企业能做到这一点，一定能够抓住客户、黏住客户，搞定客户，把生意做成。

强生的案例值得我们借鉴。众所周知，强生是来自美国的大型跨国集团，规模庞大，涉及药品、护理用品、化妆品等多个行业，产品种类几乎能覆盖人的一生。20世纪90年代中后期，强生打算在美国市场开展网络营销。当时很多企业的普遍做法是创建一个综合性网站，用它来展示自己的产品，但强生却并未采用这种方法。因为强生发现，如果从企业的角度出发将网站做成产品展示中心，很难引起消费者的兴趣，因为消费者永远只对那些于己有用的事物感兴趣。这样一来，企业是无法抓住消费者、占据市场的。于是，在经过认真的思考后，强生决定独辟蹊径，将企业营销网站打造成全美妈妈的"宝宝中心"。

强生通过"宝宝中心"网站告诉消费者：在得知预产期之后，你可以来到我们的"宝宝中心"网站，只需要输入预产期等信息就可以每天收到与育儿相关的知识，而且这些知识与孩子的成长状态是同步的。比如，强生会在特定时间告知父母，此阶段的孩子应该得到什么样的护理（比如可以用什么样的爽身粉、润肤露），以及其他一些保障孩子健康成长的知识（比如什么时候可以去打疫苗，或者隔多久再去打疫苗）。

新手父母通常缺少经验，每天又要面对很多工作，忙得团团转，可能没有时间顾及一些细节问题，强生"宝宝中心"正是考虑到了这种情况，给予他们最贴心的帮助。久而久之，年轻的父母们发现自己已经离不开这个网站了。

通过"宝宝中心"网站，强生牢牢地抓住了千千万万的美国消费者。

事实上，强生在将育儿知识分享给这些消费者的同时，巧妙地把强生的产品信息和强生产品能够为孩子提供优质护理的理念一同传递给了他们。耳濡目染之下，消费者自然会优先选择强生的产品。

随着中国经济的蓬勃发展，强生开始在中国市场发力，加大在中国市场的投入。在制定网络营销策略时，强生没有简单照搬美国市场的成功经验，而是根据中国妈妈们最感兴趣的话题，为中国市场量身打造了一个中国版的"宝宝中心"网站。

值得一提的是，强生还在当时中国最火的门户网站新浪网的亲子频道开设了"强生婴儿教育中心"。对强生业务有所了解的人都知道，强生是一个庞大的公司，产品成千上万，涉及很多领域，但其中并没有教育领域。为什么强生要在中国的网站上开设"婴儿教育中心"？因为他们经过分析后发现：美中两国家长对孩子成长的关注点存在很多差异，美国父母最在意的是孩子的护理与健康成长，而中国父母特别注重孩子的教育和智力发展。于是，强生决定从教育入手来抓住中国家长，然后逐步引导其关注强生产品。

如果你点击进入"强生婴儿教育中心"，会看到很多与教育相关的内容，也会看到很多与孩子健康成长相关的内容（比如孩子的护理），而后者与强生的产品是密切相关的。一旦消费者习惯了在"强生婴儿教育中心"了解育儿知识，强生就抓住了这些消费者。随着孩子一天天长大，他们会越来越多地用到强生的产品，而等到这些孩子长大成年有了自己的孩子时，大概率会继续选择强生的产品。

强生的做法巧妙地将自己的产品与人的一生关联了起来，不仅抓住了已有客户，而且发展了很多潜在客户。时至今日，这一做法仍能给我们带来许多启发。

7.3.2 警惕将 VIP 客户变成信息垃圾箱

在客户关系管理方面，反面典型也比比皆是。我是某家银行的 VIP 客户,但是我却经常收到这家银行发给我的垃圾短信。按理说,银行斥巨资并组建数百人的团队打造客户关系管理系统,是为了让VIP客户得到更贴心的服务,但偏偏事与愿违,VIP客户感受到的是骚扰、不便,甚至将银行的短信设置为系统自动拦截的垃圾短信。如果一家企业在营销时只从自身角度出发,完全不考虑客户的感受,就会像这家银行一样,品尝到被客户背弃的恶果。

这个案例带给我们三点启示。

第一,如果想做好客户关系管理,企业首先要抓住客户,不要只想着推销自己的产品。换而言之,企业的想法和产品并不重要,客户关心什么才是最重要的。我们可以回想一下强生是怎么做的:强生发现客户对自己的品牌和产品兴趣不大,他们真正在意的是孩子的教育和智力发展,于是决定从这一点入手去抓住客户,强生的成功证明了这一策略是有效的。

第二,企业选择用什么样的内容抓住客户是非常关键的,而选择用什么样的工具并不重要。比如,企业可以选择在传统媒体上做广告,也可以选择网络营销方式,这无关紧要,关键是要向客户传播他们最关心的内容。

第三,抓住客户后,企业要持续互动、做好服务,否则难以实现营销价值,也达不到营销的目的。有些企业在打造客户关系管理系统时,无视客户的感受,只在意自己的品牌,急于推销商品、赚钱。这样的客户关系管理不但不能使企业抓住客户,还会导致客户远离企业,让企业被市场拒之门外。

7.4 所有的营销都是营销人性

在营销上,很多企业会陷入一个误区:过度在意营销的工具、方法、手段，而忽略了对人性规律的把握。最近几年电商的崛起，更是加深了整个社会对营销的误解，很多人甚至认为只要把业务搬到网上，就可以赢得一切。然而，每年都有无数新的电商企业涌现，但真正能存活下来而且能够做大做强的却是凤毛麟角。这些企业同处一条赛道，掌握的技术工具、营销方法、运营手段大同小异，为什么有生有死？其实，真正使它们拉开差距的不是工具、方法与手段，而是对人性规律的把握。

近几年，微信成了中国最流行的即时通信工具，毫不夸张地说，只要你有手机，你的手机上就一定有微信。就在微信"一枝独秀"时，电商也在加速崛起，于是，有些人想：是不是可以把这两者结合起来，在微信上做电商生意？一些敢于先吃螃蟹的人，把电商的运营手段搬到了微信上，在自己的微信朋友圈中反复刷屏推销商品。但他们万万没想到的是，这一举动招致众多微信好友的反感，很多人甚至因此将其拉黑。最终，不但生意没做成，反倒把朋友都得罪了。现在看来，这种做法是非常失败的。

有一个叫黄峥的人想出了另一种在微信上做电商生意的方法——打造社交电商，即结合电商、微信、团购的特点，以拼团购为基础来售卖商品。于是，拼多多应运而生。令人意想不到的是，拼多多于2015年9月正式上线后迅速走红，10个月后获得1.1亿美元B轮融资，在上线后的一年里，平均每个月的流水达10亿元，发展态势之迅猛引起了淘宝和京东等"头号玩家"的高度关注。

同样是在微信上做电商生意，为什么拼多多的商业模式引起了连锁反应，并大获成功？它的成功秘籍到底是什么？仔细剖析拼多多的商业模式，我们会发现它有两个做法是非常值得借鉴的。

一是重点瞄准那些善于做产品却短于做营销的人，比如农民。黄峥发现，很多农业产区生产的农产品很好，但当地农民却不懂得做营销，导致这些农产品大量滞销，于是他以这部分人群为拼多多的重点拓展对象（即寻找市场空白）。

二是规定团购发起者可以免费获得商品（即零团费参加）。这是拼多多能够引起连锁反应的重要原因之一。根据拼多多的规则，只要用户参加过一次团购，下一次以发起者的身份成功组织团购，就可以免费获得商品。比如，某团购要求10箱成团，如果你是团购的发起者，只要凑够10箱，你就可以免费获得这次团购的商品。这种规则巧妙地利用了人们"占便宜"的心理，为了免费获得商品，很多人自发地成了拼多多的推销员，竭尽全力地向周围的亲朋好友、同事、邻居推销商品，如此一来，"一传十，十传百"，很快就引发了连锁反应。这种方式的营销成本很低，但传播效果却非常好。

这就是拼多多带给我们的重要启示。其实，对企业而言，用什么技术、在什么平台、卖什么东西并不重要，关键是要了解人性、把握人性，只要能做到这一点，它在什么平台上就都能把营销做好，把市场打开。

另一个利用人性把营销做到极致的案例是褚橙。

早在2013年，褚橙的出品方褚氏农业就分析了社会中哪类人群是购买橙子的主力军。他们发现，虽然吃橙子的人不分男女老幼，但在网上买橙子的人以女性为主。于是，褚氏农业决定专门针对女性来开展褚橙的营销。

褚氏农业先分析了当代女性（特别是年轻女性）的共同特点：爱美、爱时尚、重社交（喜欢分享自己的日常生活）、购买力强。针对这些特点，褚氏农业策划了一系列活动，比如，在网上发起了一个名为"80后致敬80后"的活动，第一个"80后"指的是1980年以后出生的人（主要针对1980年以后出生的女性），第二个"80后"指褚时健，当时他已经年过八旬。这个活动在线上线下同时展开，活动所展示的很多内容与褚橙并无关联，但都是女性关心的话题，以此来吸引目标客户的关注。

再比如，褚氏农业还将褚橙送给很多"80后"名人品尝，让他们帮忙

"带货"。韩寒就是其中之一，收到褚橙后，他发了一条带照片的微博——照片中是一个放在箱子上的橙子，箱子上印有"在复杂的世界里，一个就够了"。这条微博引发了大规模围观，得到了300多万人次的阅读量、4000多条转发评论。

企业当时并不知道韩寒的这条微博会引发什么样的市场反应，但在发现话题出现高热度的第一时间，他们就迅速抓住机会，向市场投放了一批商品。他们的投放时间也很巧妙，恰逢圣诞节、元旦、春节、情人节等几个节日接连而来，很多人有送礼的需求，因此，这批商品以前所未有的速度售出，真是"来得早不如来得巧"。

在营销的过程中，有一个细节引起了褚氏农业的注意：有一些女性专门打电话给销售商或者在购物网站上留言，一定要韩寒同款包装的褚橙。为什么她们会点名要韩寒同款包装的褚橙？褚氏农业马上展开分析，分析的结果是，她们认为包装很有话题性，让人觉得很有趣。于是，他们立即在网上进行大规模宣传，趁着话题仍保持热度，放大其影响力。最终，因为定价比普通橙子贵很多而被很多人认为非常难卖的褚橙，却成了市场上最畅销的水果。

褚橙成功的案例也证明了，对人性的把握远比工具、方法、手段重要得多。在工商管理和企业管理领域，一切管理理论、技术、方法都要为营销服务，但它们并不能对企业的营销结果起决定性作用，了解人性、把握人性才是营销成功的秘密武器。

小 结

通过本课，读者可以了解到营销的定义与重要性，了解到成功企业的真谛——强有力的营销能力。营销能力较强的企业，不仅能够迅速地把产品卖出去，而且还能在销售的过程中，根据市场需求进行自我调整，不断完善自我，实现良性循环。

我们还介绍了搜索引擎营销、渠道营销、品牌营销、体验式营销、社会化媒体营销五种营销方式，以及客户对营销的重要意义。只有选择合适的营销方式，并且把握客户这一核心，企业的营销才能事半功倍。

除此之外，把握人性对营销来说也是至关重要的，因为所有的营销都是营销人性，只有遵循人性、把握人性规律，企业才能抓住客户，做好营销，真正把握住市场，从而做大做强。

8
第 8 课

项目管理

在我们的工作和生活中,项目随处可见。在今天这个数字智能时代,企业经营更是围绕项目而展开的。做好项目管理,为用户创造价值,对职场人来说是一种必备技能,也是个人职业发展的关键。那些成功的企业管理者,一定是优秀的项目管理人才。

然而,在项目落地的过程中,常常是"理想很丰满,现实很骨感"。之所以会出现这种情况,是因为项目团队还没有形成统一的、系统的项目管理思维,更缺乏简单实用的项目管理手段。为了解决这一难题,本课将为大家介绍项目管理的逻辑,通过几个真实的故事,揭示项目管理中那些难以理解但值得深思的秘密。

——杨述
(清华大学国际工程项目管理研究院副院长)

8.1　以项目管理打破管理孤岛

我有一个学生担任项目经理，他在推进项目的过程中要走很多流程、办很多手续，所以常常与财务部、人力资源部、法务部、采购部等职能部门打交道。他每次去这些部门办事都要"求爷爷告奶奶"，常常陷入"门难进、脸难看、事难办"的窘境。他感觉这些部门不卖力还好，一旦"认真"起来，项目经理的日子就更不好过了。

这种现象在很多公司都普遍存在，形象地说就是"职能部门越卖力，项目进展越艰难"，为什么会出现这样的情况？

8.1.1　职能型组织造成管理孤岛

从公司管理的角度来说，公司一般分为很多直线层级，从顶层的CEO，到各事业部的总经理，再到总监、经理、主管。不同层级的领导对同一事情的理解可能并不一致，管理隔阂是难以避免的。而且，层级越多，沟通路径越长，决策效率就越低。

在职能型组织中，部门是按照专业划分的，部门之间的协作会遇到很多隔阂，这种隔阂叫作部门隔阂，也叫"部门墙"。

这两种隔阂的同时存在，会使公司分化成一个个管理孤岛，如图8-1所示。形象地说，有多少像技术部、财务部、销售部、市场部这样的部门，就会有多少个这样的孤岛。部门和部门之间要想实现沟通配合，就要迈过部门之间的鸿沟。因为每个职能部门的负责人都会觉得："这是我的部门，我的地盘我做主，请不要把手伸得太长。"这些部门隔阂导致跨部门协作效率低下。

有这样一个故事：有个人拿着铁锹在路边挖坑，每隔几米就挖一个，另一人在后面拿着铁锹填土，前面挖，后面填。

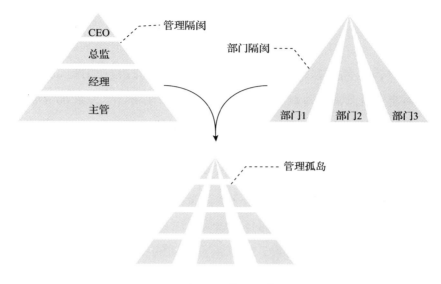

图 8-1　管理孤岛

路人很不解:"咦!你们这是在干啥?"

"我们在种树呢,他负责挖坑,我负责填土!"

"那树呢?"

"哦哦!负责栽树的伙计今儿没来!"

这是个笑话吗?在传统管理模式的企业里,这样的事情时常发生。到年底,部门经理们长吁一口气:任务总算完成了,部门 KPI 实现了,年终奖又稳了。但是,这些努力最终创造价值了吗?项目的目标实现了吗?我们的客户真的满意吗?

再讲一个真实的故事:一家企业的项目管理办公室(Project Management Office,PMO)在年终考核时,特意向项目经理们征集意见:PMO 怎么做,对项目的帮助最大?多位项目经理在匿名问卷中写道:"其实你们什么也不做,对我们帮助最大。"

之所以出现这样的局面,原因在于职能部门既掌握着公司资源,又要管理相关绩效，比如要求项目团队定期上交周报、月报等名目繁多的各种表格和报告。如果说项目经理是运动员，那么职能经理就是裁判员。所以，项目团队会感觉到，职能部门除了向他们要各种数据、报表、报告来监督他们、管理他们、考核他们之外，能给他们的实质性帮助十分有限。

公司如果按职能来划分部门，在项目管理方面就会存在先天的缺陷。职能部门经理对项目往往抱着一种"铁路警察，各管一段"的心态，比如财务部门只需要做好财务工作，采购部门只需要做好采购工作，至于项目成败、完成得好坏，与他们没有直接关系。项目团队多做一个项目并不直接影响职能部门的 KPI 和绩效，却增加了职能部门的工作量。而且，职能部门参与和支持项目的工作越多，出错的可能性也越大，这导致很多公司的职能部门"多一事不如少一事""不求有功，但求无过"。

所以，职能型组织由于其先天的弊端，可能阻碍项目的顺利推进。很多企业已经意识到了这一点，正在推动组织的转型升级。

8.1.2　以项目为中心的精细化管理

为了打破"管理孤岛"，很多企业在转型升级的过程中采用更加高效的、面向项目的管理模式，即以项目为基本单元的精细化管理模式，如图 8-2 所示。

这种管理模式的特征是公司的所有资源以项目为中心进行配置，因为项目是企业战略落地的载体。组织形式以矩阵形式为典型代表：纵向按职能划分各专业部门，横向是从各个专业部门抽调员工组成的项目团队。这种矩阵型组织结构有很多优势，可以让组织的各种资源，比如人力、物力、财力等得到最大化利用，确保企业的所有工作都面向企业的战略展开。

图 8-2　精细化管理模式

仔细观察你会发现，凡是那些项目运作非常成熟的企业，大都采用了强矩阵型组织形式。所谓"强矩阵"，就是在项目组中实施以项目经理为核心、由项目经理调配资源的领导模式，其他职能部门是支持各个项目顺利推进的资源池。这意味着，职能部门的主要工作是为了支持项目运作对人才进行专业化培养。当项目出现人才需求时，职能部门便派出相应的专业人员，而这些派出员工的人力成本会记在相应的项目名下。

在这种制度安排下，职能部门经理的压力很大。因为本部门的人手派不出去，就意味着他们不受项目团队欢迎。如果项目经理宁可把工作外包给第三方团队，也不用他们的人，他们的人力成本就要记在本部门成本中，在这种情况下，部门的绩效考核是很难合格的。

所以，采用强矩阵型组织形式的企业具有更强的执行力，能更好地推进项目的实施，也更容易获得客户的满意。

8.2 组织级项目管理

8.2.1 波士顿矩阵

我的一个学生在公司里担任项目经理,他向我诉苦:"总感觉要人没人、要钱没钱,资源根本得不到保障。在这种情况下,怎么才能把项目做好?"我问他:"公司里其他项目也是这样的吗?"他说:"那倒不是,但我就是不能理解,为什么只有我的项目得不到足够的支持。"

要回答这一问题,先学习一个分析工具——波士顿矩阵(如图8-3所示)。

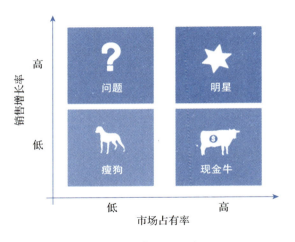

图 8-3 波士顿矩阵

波士顿矩阵是由波士顿咨询集团创始人布鲁斯·亨德森(Bruce Henderson)在1970年提出的。如图8-3所示,他把企业中所有的产品或项目,按照两个维度进行分析,一个维度是市场占有率,另一个维度是销售增长率。

公司的所有产品或项目会被分入四个区间:位于右上角的是明星产品,这类产品往往拥有足够高的市场占有率,而且市场份额还在快速地增加。位于右下角的是现金牛产品,这类产品的特征是市场占有率已经很高,但是增长乏力，通常是企业的传统优势项目。位于左下角的是瘦狗产品，既没有较高的市场占有率，也没有强劲的销售增长率。位于左上角的是问题产品，这类产品虽然目前市场占有率很低，但是增长很快，有可能成为未来的明星产品。

之所以强调波士顿矩阵，是因为几乎任何一个企业老板的脑子里都会有一个这样的矩阵。他们通常会把企业里的项目或产品按这个矩阵进行分类，然后根据不同的优先级配置公司资源，比如人力、资金等。明星产品是公司未来发展的支柱，可以优先获得资源。现金牛产品的增长虽然很慢，但目前仍是企业现金的主要来源，所以这类产品应该让公司里那些踏实稳重、善于守成的人负责，但是公司也不会再为现金牛产品配置更多资源了，因为配置的资源再多，市场占有率也无法提高。问题产品则需要让公司里那些有闯劲、敢打敢拼的人去尝试，虽然目前的市场占有率微乎其微，但说不准哪天这类产品就会成为黑马，变成爆款。

最后剩下的瘦狗产品，有剩余的资源和时间就做，没有就算了。有人可能就会问："瘦狗产品既没有市场占有率，也没有销售增长率，也就是说既没有现在，也没有未来，为什么公司还要做？"

这是一个非常好的问题。试想一下，如果你是老板，项目团队已经完成了上一个项目，但目前这段时间又没有新的项目，你会怎么安排？理性的选择是找点事让他们干。对公司老板而言，最不能接受的就是"有人闲着"，闲着不只是资源浪费，闲着的人也没安全感，还会出现矛盾和不平衡，导致团队不稳，给公司带来更大的风险。

回到本章最开始提到的我的那个学生，为什么同样是项目经理，他却得不到足够的资源和支持？很可能他负责的是一个瘦狗项目，公司在利用瘦狗项目来完成过渡，培养新人，锻炼队伍。

8.2.2 项目管理的层级划分

在企业中，项目管理是需要划分层级的，最上层是战略，由战略分解后的是项目组合，再往下分是项目集，最后才是项目，如图 8-4 所示。

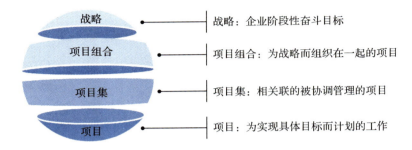

图 8-4　项目管理的层级划分

1. 项目集

项目集可以理解为多个相互关联的被协调管理的项目，可以获得分别管理所无法获得的效益。

举个例子，有一个房地产开发项目，效果如图 8-5 所示。在地块规划中，左下角有一个五星级酒店，酒店旁边是一栋 4A 级写字楼，写字楼另一边是一大片公寓，右下角是一个大型购物中心。

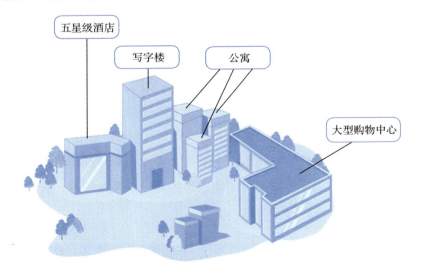

图 8-5　某房地产开发项目

我们可以看到，这个地块中有很多项目，如果是同一个开发商开发这个地块，肯定要安排一个项目经理负责五星级酒店的开发，再找另一个项目经理负责写字楼的开发，购物中心也需要一个项目经理……有几个项目，就要安排几个项目经理带团队执行。但这样的安排可能会出现一些问题。我们可以回忆一下小学时的大扫除，如果老师让第一组同学打扫教室、第二组同学打扫楼道，最后有可能出现的情况是垃圾都堆在了门缝处。因为第一组同学只管把教室打扫干净，垃圾只要从教室扫出去就完了，而第二组同学打扫楼道，只要垃圾不在楼道里，自己就没责任了。于是，因为中间没人管，所以大家都把垃圾堆在了门缝处。这种现象也经常出现在项目间，争夺资源或者推诿扯皮的事情常常上演。

同样的道理，在房地产项目的案例中，这种情况也会发生。因为场地有限，这个项目的设备如果没有及时撤走，其他项目外立面的施工就会受到影响，这个项目的钢筋堆在这里，那个项目的塔吊就没地方立……所以，项目之间产生冲突几乎是必然的。此外，还有一些共性的工作也会造成重复劳动。比如，每个项目都要去政府机构办理环境影响评价、规划、消防等手续，如果每个项目都各自办，显然是重复工作，效率远不如让一拨专业的人一块儿去办，他们轻车熟路，效率更高。

所以，有经验的开发商一定会找一个总负责人，负责整个地块的开发，这个人就叫作项目集经理，在房地产领域也叫作"项目总"，项目总手下有多个项目经理，分别负责不同的项目。项目总的任务不是盯着每个项目的进度、成本、质量，而是寻找项目之间的依赖关系和影响关系，以及优化这些关系的方法，以形成资源的共享，减少内耗，从而实现"1+1>2"的效果。

2. 项目组合

项目组合是指为了实现战略目标而组合在一起管理的项目、项目集、但项目组合中的项目或项目集不一定彼此依赖或者直接相关，目的是使组织的资源投入得到最大化的回报，实现组织战略目标。

比如，公司中有很多项目，每一位项目负责人都要争夺资源，比如抢人才、抢设备、争取更多资金等，但资源是有限的，冲突在所难免。这时就需要决策者事先划分优先级，以判断哪一类项目应该获得优先支持。在划分顺序的过程中，不同优先级的项目就会打包在一起，形成一个个项目组合。

有一个例子可以说明项目集和项目组合的关系。新能源汽车是当下非常火的概念。围绕新能源汽车，可以深入开展很多相关项目，比如电动机开发、动力回收、锂电池开发、聚合物电池开发、燃料电池开发、石墨烯电池开发等。在考虑把哪几个项目打包在一起作为项目集时，我们主要应该考虑组合以后能否实现"1+1>2"的效果。

比如，我们可以把电动机开发、动力回收和锂电池开发这三个项目整合起来形成一个项目集，如图8-6所示。因为它们之间需要互相配合，不但参数指标要配套，开发进度也得对齐，哪个没完成，车都走不了。

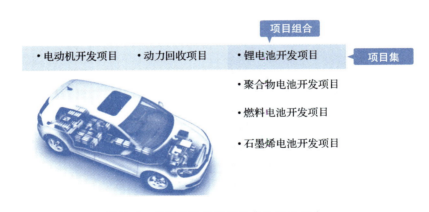

图8-6 新能源汽车的项目集和项目组合

纵向看，这几款电池开发的项目之间不存在依赖关系，因为这完全不是同一条技术路线，也不会用在同一款车上，但它们全都是围绕新能源汽车这一战略而展开的。无论是哪个电池技术取得了突破，都会对战略整体的实现起到关键性作用。所以，很多企业会同时投资不同的电池研发项目，它们在企业中是战略级项目，因此应该被划分在同一项目组合之中。

再比如，蚂蚁金服旗下有很多业务，如支付宝、余额宝、花呗等，这些产品之间有着密切的关系。比如，如果你的支付宝中有一些余额，软件就会经常提醒你，是否考虑把余额放在余额宝中进行理财。如果你准备消费付款，但钱不够，它也会提醒你先用花呗消费，再慢慢还款。说白了，所有这些产品都在围绕个人消费金融，你钱多帮你理财，你钱不够贷款给你。所以，公司必须确保这些产品之间数据共享、信息通畅、相互支持，打一套组合拳，这就是项目集管理。

通过以上几个案例，我们就能理解为什么不光要看一个项目的成败得失，还要顾全大局；也能理解公司为什么有时候会做一些赔钱的项目，而且项目优先级原本就不一样。所有这些安排，都是为了实现组织战略，创造用户价值。

8.2.3 项目与运营的区别

曾经有同学请教我说："项目是阶段性的，有开始、有结束，可我在这个项目上已经快两年了，项目还没有做完，那么，项目到底有完没完？"要回答这个问题，我们要了解什么是项目以及项目有什么特征。

我们将企业中的活动拆解为两类事：一类是项目（Project），另一类是运营（Operation）。项目指的是阶段性、一次性的工作，而运营指的是持续性、重复性的工作。

人力资源部、财务部等职能部门从事的工作属于运营性工作，每个月都要报税，每个星期都要报销，每天都要记账……这些工作原来这么干，现在这么干，以后还得这么干。

而项目和运营是有显著差异的。项目的定义是为创造独特的产品、服务和结果而进行的临时性工作。项目的第一个特征是独特性，也就是说每个项目都不太可能照搬过去的做法，简单地重复。项目的第二个特征是临时性，是指项目是一种阶段性的工作，有开始也必然有结束。项目的第三个特征是不确定性，指的是我们无法做到一开始就把所有的事情想得万无一失、滴水不漏，我们不光得有执行计划的决心，还得有应对变化的能力。大致符合以上几个特征的工作类型就叫作项目。

当然，这只是一个定义，在实践过程中，项目的内涵还会不断地发生变化。今天很多行业的项目已经和运营融合在一起，相互交织、相互辅助，很难把它们明确分开。举个例子，很多城市都会铺设地下综合管廊，通常，在做城市规划时就要在地下预置好管廊，无论是电缆、通信光缆，还是自来水管道、天然气管道都在管廊中铺设，不需要一遍遍地重新把路刨开，再埋管道。综合管廊的做法其实就是项目集管理的一个典型例子。但可以想见，建设这条综合管廊是需要进行大量投资的，如果政府一时没有这么多钱又该如何处理？当前通用的做法是 PPP（Public-Private Partnership）模式，即公私合营，也就是政府和企业成立合资公司一起建设这个项目。政府只占很小比例的象征性股份，而企业占大部分股份，合资公司自己去找资金搞建设，政府给予合资公司未来 20 年、最长可达 30 年的运营权，让企业通过收取铺设管道线缆各单位的服务费、施工费逐渐回收投资，这种方式就把项目建设和运营捆绑在一起了。

在互联网行业，这样的例子就更多了。比如互联网产品的开发往往需要前期投入大量资源，但要想回本盈利，必须对产品进行持续运营。在这种情况下，运营和项目是没法明确分开的，因为运营过程会产生一些用户反馈，企业可以利用这些反馈信息更新、优化产品，并持续地推进项目，所以运营和项目是交织在一起的，现在还发展出把开发、运营、质量保证融合在一起的 DevOps 模式。

在组织级项目管理中，我们要考虑如何按战略对项目进行分组、如何划分优先级，从而实现企业价值的最大化。项目组合再往下分解，就会变成一个个实现产品交付或服务提供的项目集和项目，最终再通过运营来获得商业价值的回报，并实现企业投资的回收，而运营的过程又会产生新的需求，继续进入这样一个循环。这就是当今企业的商业模式和项目生态，如图 8-7 所示。

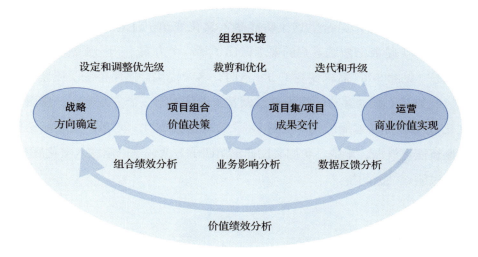

图 8-7　当今企业的商业模式和项目生态

所以，项目和运营虽然是性质完全不同的两类工作，但如今已经越来越无法分离，反而要加强彼此之间的融合，才能更好地为企业创造商业价值。

8.3　项目进度管控

有个学生曾向我反映，他们公司为了管控项目，要求员工写日志、周报、月报，但即使每天都在写这些，问题依然没有得到解决，项目照样延误,眼睁睁地看着项目失控。项目失控在项目管理中是一个常见却又非常棘手的难题,怎么管控项目的进度,才能始终尽在掌握呢?

8.3.1 项目周期的常见问题

首先,我们要了解一下项目的生命周期这一概念。

假设我们要争取一个建桥项目,如图 8-8 所示,它的项目生命周期一般会是这样的。组织团队设计了一个方案交给客户后,客户反馈说对我们的设计基本满意,但希望这座桥能融入文化底蕴。注意,这就是一次需求变更。于是我们按照客户的要求做出了第二个方案——一座融入文化底蕴的桥(见图 8-8 "需求变更 1")。这时,客户提出,这座桥底下还要能过船。我们马上根据客户的需求进行调整,设计出第三个方案——一座融入文化底蕴、可以过船的桥(见图 8-8 "需求变更 2")。可客户又表示希望这座桥能更气派,于是,我们又设计出第四个方案——一座融入文化底蕴、可以过船、气派的桥。

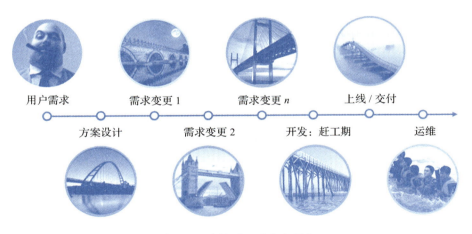

图 8-8　建桥项目的生命周期

客户的需求可能会不断发生改变,如果完全按照客户的变化来调整,可能永无止境,最后留给开发的时间就很少了,于是以下熟悉的场景就会出现。

项目经理:"领导,一直在改方案,留给开发的时间不够了。"

领导:"先上线,后迭代吧。"大意是,先造座桥出来对付现有需求,之后再慢慢地改进和完善。

项目经理:"钱也不够了,成本也超预算了。"

领导:"先满足客户的核心需求,抓紧造座桥出来,至少得先让他能过河。"

于是,项目团队用最短的时间先"凑合"出一座桥来,但这样的桥存在很大的安全隐患,一旦洪水来袭,后果不堪设想。这样的豆腐渣工程对后期运维团队来说就是一场灾难。

总结而言,客户提出需求,我们拿出第一个设计方案,然后客户不断变更要求,我们不断调整适应、赶工期,直到最后凑合一个项目上线,交给运维团队一个豆腐渣工程……这就是建桥这个项目从开始到结束的全部生命周期。

8.3.2 项目的阶段划分和阶段关口

在项目生命周期中,我们应该尝试管控项目,来避免上述悲剧。一个有效的方法就是进行合理的阶段划分。在不同行业中,阶段划分的差异很大。

比如,工程建设行业通常会把项目分成四个阶段:第一个阶段叫作可行性研究阶段,指的是需要从技术和财务上来研究项目是否可行;如果方案通过,就进入第二个阶段——计划与设计阶段;再接下来是施工阶段、交付使用阶段,如图 8-9 所示。

从上一个阶段到下一个阶段,需要满足一定条件,这些条件叫作阶段关口。比如从可行性研究阶段到计划与设计阶段,通常要经过立项审批程序。如果做的是政府项目,可行性研究报告还必须提交发改委,由他们组织专家评审，通过了才准予立项。从计划与设计阶段进入施工阶段，则要签署主承包合同。

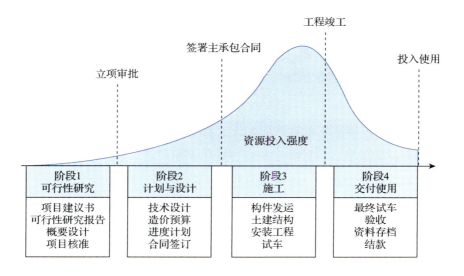

图 8-9　项目的阶段划分举例

可见，做项目就像打游戏，也是一关一关地过，每一关结束的时候，都会遇到一个很厉害的角色，打赢他才能进入下一关。反之，如果被他打败了，游戏就结束了。

而家庭住宅或公司办公室装修，则通常是根据专业工序来划分项目阶段。第一个阶段是结构改造，比如有的墙要拆掉，有的隔断要重砌。第二个阶段是水电改造，即重新铺设水路和电路。第三阶段是安排木工打造吊顶和家具、安排瓦工贴瓷砖，然后由粉刷工进行粉刷。

这样划分阶段的原因在于装修行业早已演变为专业分包模式：做水电改造的团队只做水电改造，这个项目的水电改造做完了，就直接转战到下一个项目，他们和其他工种之间没有太多的联系，甚至互不认识。作为业主的甲方，要想把这个项目管控好，就应该按照专业分工来划分阶段，这样的好处在于能及时验收，确保质量。比如结构改造完毕，验收过关后才进入下一个阶段——让水电工人进场。每一道专业工序做完，及时验收、及时结账、及时退场，尽量减少不同工序交叉作业和冲突的情况。

通过上面的例子，我们可以理解，管控项目需要有明确的阶段划分和阶段关口才能把一个长期的项目化整为零，变成阶段性的管理目标，从而步步为营，最终取得项目的成功。

日志、周报、月报的目的是收集项目绩效数据，与阶段目标进行对照分析，找出差距，及时改进。有了合理的阶段划分和阶段关口设置，这些数据才能在项目管控中发挥作用。

8.4 项目开发模式选择

8.4.1 四种项目开发模式

很多项目经理向我抱怨：常常感到身心俱疲，因为很多工作没能按照计划和设想推进。的确，项目经理的工作并不轻松，但有时候，你抱怨的苦和累，很可能是因为你做项目管理的"姿势"不对。那么，什么是做项目管理的"正确姿势"呢？

我们来看四种类型的项目开发模式。

1. 预测型开发模式

预测型开发模式指的是在做项目之前，就已经做了详细的计划和设计，可以完全预测到项目的结果。比如工程建设项目，在开工之前，不但有设计图、预算，还有施工组织设计；不但知道建成之后的样子，建设期任何时间点会建设到什么程度都可以预测。也就是说，建筑物是完全按照计划一点一点地"长"出来的，这样的项目开发模式就叫作预测型开发模式。

其实，不只是工程建设行业，IT 软件行业也有预测型开发模式。在 IT 软件行业中，人们称之为瀑布开发模型。如果一款软件是用瀑布开发模型开发的话，一般会分为以下几个阶段：需求分析、方案设计、代码开发、测试、上线运维，如图 8-10 所示。

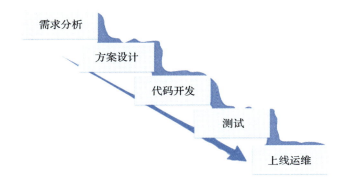

图 8-10　经典瀑布开发模型

之所以叫瀑布开发模型，是因为水从高处往低处流很顺，很轻松，但是要想让它逆流而上，比登天还难，所以，每一步都要做到很完善才能进入下一步，否则后果将很难承受。在需求分析阶段，客户提出一个变更需求，我们很容易就能解决，但如果在交付验收阶段提出这个需求，就会十分麻烦，因为变更的代价太大，甚至可能比推倒重来还要费劲。所以，瀑布开发模型是从上往下、一步一个脚印地开发，尤其到了后期对变更不是很友好。

2. 迭代型开发模式

什么是迭代？就是周而复始地重复一些过程。软件行业普遍采取迭代型开发模式，软件按版本发布，每一版都经过需求分析、方案设计、代码开发、测试、集成、发布这些步骤。这一版有些需求还没实现，甚至还存在缺陷，没关系，下一版、再下一版再去陆续解决。迭代型开发模式的特点是项目的开发一版又一版不断更新、不断升级。

3. 增量型开发模式

第三种是增量型开发模式，开发的过程就像搭积木一样，一部分一部分地分期分批交付。

很多人分不清增量型开发模式和迭代型开发模式，举个例子（见图 8-11），客户要求你画一幅石膏人像的素描，并要求明天就交货。

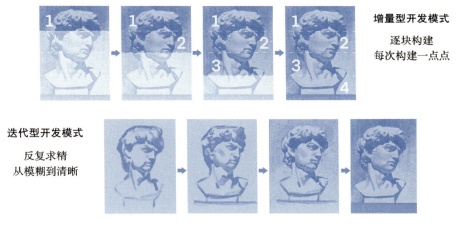

图 8-11　增量型开发模式和迭代型开发模式对比

你表示，为了对称客户需求，不能一口气画完，中间可以先画一部分，比如先画好头发、眼睛等，如果客户不认可就另请高明，如果客户认可，再继续画鼻子、嘴、脖子等。像这样完成一个部分就交付一部分，最终把所有部分都凑齐的方式，就叫增量型开发模式。

增量型开发模式的好处在于，客户能够较早地看到项目的成果，虽然只有一部分，客户较早地参与项目的反馈，有利于控制项目风险。

同样是画人像素描，迭代型开发模式会怎么做呢？你会先用铅笔快速勾勒出一个轮廓，根据客户的描述先画出一个草图。客户看了这个草图后，表示这与他预想的差太远了，但方向是对的，好歹是个人像。所以下一个版本，你会更往细描一描，客户表示有进步，你就继续按照客户的反馈进行修改，推出下一个版本。客户表示这次不错，但要勾勒出光影效果。于是你继续迭代，最终交付了一个客户满意的人像素描。

增量型开发模式每次交付一部分，但这部分是完成的状态；而迭代型开发模式是从粗到细，从简单到复杂，根据客户的反馈，一版一版地完善和细化，直至最终交付。

4. 适应型开发模式

适应型开发模式有个更通俗的名字：敏捷型开发模式。

敏捷型开发模式中有一个常用的开发模型，叫 Scrum 模型，指的是持续获取用户反馈，把用户的需求放到产品待办事项列表中（见图 8-12）。敏捷团队人员规模一般控制在 5~9 人，设置一个固定的迭代周期，比如每两周一个冲刺。每个冲刺都是从产品待办事项列表中挑出几个优先级最高的工作，在两周内集中精力完成。客户如果有新的想法和需求，随时放入产品待办事项列表中，评估优先级，重新排队等待解决。

图 8-12 Scrum 模型

敏捷型开发模式的思路是：人员固定，周期固定，团队有节奏地冲刺。需求可以不断提出，不断改变，但都纳入待办事项列表（需求池），根据优先级排队。

以上四种开发模式的特点，我们可以用一张图来进行总结，如图 8-13 所示。

预测型	迭代型	增量型	敏捷型
需求在开发前预先确定	需求在交付期间定期细化		需求在交付期间频繁细化
针对最终可交付成果制订交付计划，然后在项目终了时一次交付最终产品	分次交付整体产品的各种子集		频繁交付对客户有价值的各种子集（隶属于整体产品）
尽量限制变更	定期把变更融入项目		在支付期间实时把变更融入项目
关键相关方在特定里程碑时点参与	关键相关方定期参与		关键相关方持续参与
通过对基本可知情况编制详细计划而控制风险和成本	通过用新信息逐渐细化计划而控制风险和成本		随需求和制约因素的显现而控制风险和成本

图 8-13　四种项目开发模式的特点

在这四种开发模式中，预测型开发与敏捷型开发是两个极端。预测型开发是一开始就确定了最终的模样、实施的步骤，而敏捷型开发在开始时无法确定结果怎样，只能根据用户的反馈，主动拥抱变更，所以对需求变更的适应性最强。

8.4.2　项目开发模式的选择：Stacey 矩阵

四种开发模式各有其优点和适应范围，那么做一个项目，到底应该选择哪种开发模式？Stacey 矩阵可以帮助我们解决这个问题，它的提出者拉尔夫·斯泰西（Ralph Stacey）是一位研究企业复杂性和适应性的学者。

Stacey 矩阵有两个维度，纵轴代表的是需求是否明确，横轴代表的是技术是否确定。按照这两个维度，所有的项目都可以被囊括在四个区间内，如图 8-14 所示。

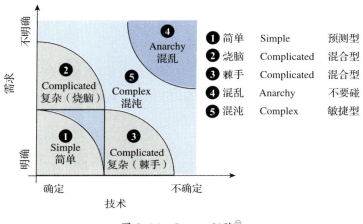

图 8-14　Stacey 矩阵①

位于左下角 1 区间的项目是简单项目，指的是需求很明确、技术也很成熟的项目。

位于左上角 2 区间的项目是复杂项目中的烧脑项目，指的是技术很成熟，但需求却不明确的项目。比如客户做信息系统，并不需要多么高深的技术，常规手段都能实现，但客户总描述不清楚到底要什么，而且需求时刻都会发生变化，对开发团队而言，这样的项目是非常烧脑的。

位于右下角 3 区间的项目是复杂项目中的棘手项目，指的是需求很明确，但技术不成熟的项目。比如，无人驾驶的概念已经提出很多年了，20 多年前，清华大学就开设了无人驾驶实验室，从事无人驾驶技术的开发，在这 20 多年中，各种方案都被尝试过，但直到人工智能普及使用的今天，无人驾驶才真正逐步进入人们的生活。所以，即使需求早已明确，具体内

---

① 斯泰西. 组织中的复杂性与创造性 [M]. 宋学锋，曹庆仁，译. 成都：四川人民出版社，2000.

涵也一清二楚，实现它也需要经历漫长的探索和长期的实践，这就是棘手项目。

位于右上角 4 区间的项目是混乱项目，是指需求不明确，如何实现也不清楚的项目。

除此之外，还存在第 5 个区间，它是介于完全明确和完全不明确之间的过渡地带，我们将其称为混沌区域。

针对不同类型的项目，Stacey 矩阵可以帮助我们选择恰当的开发方式：

简单项目应该采用预测型开发模式，这样可以寻找成本和工期的最佳平衡，同时风险也能尽在掌握。

复杂项目，无论是棘手项目还是烧脑项目，都可以采取多种开发模式混合的方式，根据项目的特点，选择预测型、迭代型、增量型和敏捷型中的两种及以上的模式来进行开发。比如，项目的软件部分可以采用敏捷型开发模式，硬件部分可以用瀑布型开发模式。再比如，产品预研阶段用敏捷型开发模式，正式开发阶段用瀑布型开发模式。

位于图中右上角 4 区间的混乱项目，既弄不清需求，也不知道怎么做，该采用什么开发模式呢？我的建议是这类项目就不要碰，尽量躲远点，这类项目成功的概率极低。

位于 5 区间的混沌项目，应该使用适应性很强的敏捷型开发模式，这样才能应对需求和方案都不是很清楚、处于混沌状态的项目。

8.5 项目相关方管理

在一个项目活动中，参与项目以及受项目影响的人往往有很多，比如客户、合作伙伴、分包商、企业中职能部门的领导等，这些人在项目中都是"大爷"，谁也得罪不起，在精力有限的情况下如何才能处理好各方关系呢？这是项目管理中非常常见的问题。

很多时候，我们的项目就是"死"在那些被忽略的相关方手里。有些人既不参与项目工作，也不是项目的合作方，但如果项目在某些方面触动了他们的利益，他们就会在关键时刻跳出来阻挠，给项目制造各种障碍，甚至导致项目的失败。

对于这些"惹不起"的相关方，我们应该先"招呼"谁？接下来，我来介绍一个非常实用的工具——凸显模型，如图8-15所示。

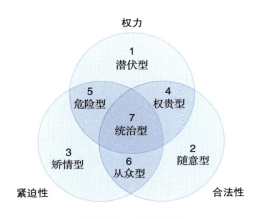

图 8-15　凸显模型

在凸显模型下，我们可以从三个维度对相关方进行分析。第一个维度是权力，指的是对项目而言，该相关方有多大的话语权，能够对项目产生多大的影响。第二个维度是合法性，指的是相关方能不能合法地参与或者影响项目。第三个维度是紧迫性，指的是相关方是不是非常急切地需要表达想法和诉求。

这三个维度会有一定的交集，进而产生七种不同的相关方。

（1）潜伏型相关方：权力很大，但并不着急表达，与项目的关系也不密切。比如客户公司的某个副总，他并不主管这个项目，但在公司中级别很高，如果想要影响我们的项目，这种影响是很显著的。

（2）随意型相关方：属于合法参与项目的相关方，但权力不一定很大，

第 8 课　项目管理

也可能没有那么着急要表达的需求。

（3）矫情形相关方：很活跃、很积极地表达他的想法，但他权力不大，也不是项目中的合法成员。我们经常会遇到这样的人，他们成天在你面前蹦跶，非常积极主动地表达他的想法，但实际上这个项目跟他没有什么关系，他也没有多大权力去影响这个项目。

（4）权贵型相关方：既有很大的权力，也是合法的成员，只是他并不着急表达需求。这类人有权力影响你的项目，可能分分钟就能要你好看。

（5）危险型相关方：既有权力，也着急表达需求，但是并不能合法的影响项目。

（6）从众型相关方：既是合法成员，也很着急表达需求，但是权力不大。

（7）统治型相关方：三个特征都具备，既有权利，也合法，还着急。

值得注意的是，这七类相关方之间有可能发生转变。如图 8-16 所示，蓝色部分表示的是相关方所具备的特征，另外两个灰色的部分是其尚不具备的特征。灰色区域中的文字表示，一旦这个条件被触发，灰色就会变成蓝色。这张表中七种不同的相关方代表着三种不同的程度：1、2、3 代表凸显性比较低，4、5、6 代表凸显性中等，7 代表凸显性非常高。项目经理需要关注这些相关方，尤其需要注意那些现在看似还没有具备特征的灰色部分，因为条件一旦触发，相关方的凸显性就升级了。

凸显性		相关方类型		Power 权力	Legitimacy 合法性	Urgency 紧迫性
低	1	Dormant	潜伏型		Authority 授权	Exercise 尝试
	2	Discretionary	随意型	Rights 权益		Voice 表达
	3	Demanding	矫情型	Action in Favour 行动支持	Access 机会	
中	4	Dominant	权贵型			Exercise 尝试
	5	Dangerous	危险型		Authority 授权	
	6	Dependent	从众型	Action in Favour 行动支持		
高	7	Definitive	统治型			

图 8-16　七类相关方的特征

如果不加管理，相关方凸显性纷纷升级，项目团队一定会陷入应接不暇、首尾难顾的局面。凸显模型告诉我们应该首先重点关注凸显性高的相关方，我们的精力有限，不可能对所有相关方"雨露均沾"，同时也要关注触发条件，避免相关方过度参与。

在与相关方打交道时，我们又该怎么做呢？首先应该想办法与相关方进行充分的沟通和合作，争取他们的支持，而不是挑战他们、拼个高下。所谓相关方管理，可以理解成一幅二维坐标图，横轴是相关方对项目的影响力，纵轴代表他们的态度。如图8-17所示。

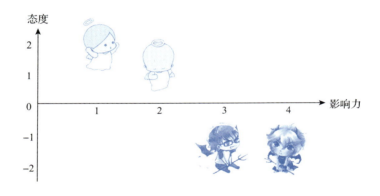

图 8-17　相关方管理

在横轴上方，相关方的态度是支持项目的，我们把他们叫作"天使"。在横轴下方，相关方的态度是反对项目的，我们把他们叫作"魔鬼"。所谓项目相关方管理，其实就是通过各种方式让这些反对我们的"魔鬼"变成"天使"，至少变成中立者，也就是即使不支持，至少也不反对，这样我们的项目才能顺利推进。

相关方管理的核心是让项目各方满意，而要做到这一点，基本思路是尽可能通过共创的思路把买卖关系、竞争关系、敌我关系转变为合作关系、伙伴关系、共赢关系。

小　结

　　传统企业很多都是职能型组织，层级鲜明，这种组织形式容易形成管理孤岛，导致项目管理责任不清，效率低下，长久下去企业将失去竞争力。当今时代，企业转型升级势在必行，在这个过程中，以项目为中心的精细化管理模式将发挥重要价值。

　　通过本课的介绍，我们了解了项目管理的层级划分及其与运营的区别，了解了如何通过阶段划分和阶段关口来管控项目进度，了解了项目开发四种模式的优缺点以及如何选择合适的开发模式，了解了如何对七种项目相关方进行管理，从而确保项目的顺利实施。相信掌握了系统的项目管理方法以及规范的操作方式后，身在职场的你在项目管理中一定能更加得心应手。

创业者手册

书号	书名	定价	作者
978-7-111-40530-6	创业者手册：教你如何构建伟大的企业	89.00	（美）史蒂夫·布兰克 鲍勃·多夫
978-7-111-48369-4	我是这样拿到风投的：和创业大师学写商业计划书（原书第2版）	39.00	（美）安德鲁·查克阿拉基斯 史蒂芬·史宾纳利 杰弗里·蒂蒙斯
978-7-111-57234-3	内创业革命	49.00	蔺雷 吴家喜
978-7-111-57613-6	有序创业24步法：创新型创业成功的方法论	79.00	（美）比尔·奥莱特
978-7-111-53706-9	新内容创业：我这样打造爆款IP	39.00	南立新 曲琳
978-7-111-51100-7	硅谷生态圈：创新的雨林法则	45.00	（美）维克多 W. 黄 格雷格·霍洛维茨
978-7-111-55037-2	设计思维玩转创业	49.00	杜绍基
978-7-111-58697-5	如何成为下一个Facebook：从Idea到IPO，认清创业中的机会与陷阱	59.00	（美）汤姆·陶利
978-7-111-55613-8	如何测试商业模式:创业者与管理者在启动精益创业前应该做什么	45.00	（美）约翰·马林斯
978-7-111-57888-8	创业财税口袋书	35.00	孟峰
978-7-111-47422-7	教训：互联网创业必须避免的八大误区	39.00	腾讯科技频道
978-7-111-55231-4	创业园：创业生态系统构建指南	40.00	（美）布拉德·菲尔德
978-7-111-52689-6	创业成功范式：硅谷创业教父的忠告	69.00	（美）史蒂夫·布兰克

领导变革之父约翰 P. 科特
经典之作

约翰 P. 科特
领导变革之父,全球一致公认的领导和变革权威,哈佛大学教授
20世纪对世界经济发展最具影响力的50位大师之一,《纽约时报》畅销书作者

科特教授自1972年开始任教于哈佛商学院。1980年,他在33岁的时候,被授予哈佛终身教职,是有史以来在哈佛商学院获此殊荣的最年轻的一位,因撰写最佳《哈佛商业评论》文章而两次获麦肯锡奖。科特还是一名实践者,曾任雅芳、花旗、可口可乐、通用电气、美林、雀巢、飞利浦、普华永道等国际知名公司的顾问。

《认同:赢取支持的艺术》
怎样让你的好主意赢得支持并达到预期效果?赢取认同的关键,不在回击反对者,而是保持尊重并坚持己见,争取更多中立的人。

《变革之心》
以变革的8个步骤为主线,精选34个案例,向人们展示了成功变革的模式。

《领导变革》
被《时代》杂志评选为最具影响力的25本管理图书之一。

《权力与影响力》
应当如何运用自己的现有权力与影响力来得到别人的帮助以顺利地完成工作。本书充满了创新性的思想和专家建议,对组织运作进行了精辟分析。

《变革加速器》
帮助企业建立"双元驱动体系",即把企业原来层级体系和更灵活的网络结构结合起来,构建灵活的战略以适应快速变化的世界。荣获麦肯锡商业/管理领域世界最实用与最具突破性思想奖。

《总经理》
专门研究总经理这一特殊职位的专门著作,对于指导人们担当总经理这一职位,取得事业的成功,以及甄选、培养、安置这方面的人才,都具有实践和学术的价值。

拉姆·查兰管理经典

书号	书名	定价
47778	引领转型	49.00
48815	开启转型	49.00
50546	求胜于未知	45.00
52444	客户说：如何真正为客户创造价值	39.00
54367	持续增长:企业持续盈利的10大法宝	45.00
54398	CEO说：人人都应该像企业家一样思考（精装版）	39.00
54400	人才管理大师：卓越领导者先培养人再考虑业绩（精装版）	49.00
54402	卓有成效的领导者：8项核心技能帮你从优秀到卓越（精装版）	49.00
54433	领导梯队：全面打造领导力驱动型公司（原书第2版）（珍藏版）	49.00
54435	高管路径：卓越领导者的成长模式（精装版）	39.00
54495	执行：如何完成任务的学问（珍藏版）	49.00
54506	游戏颠覆者：如何用创新驱动收入和利润增长（精装版）	49.00
59231	高潜：个人加速成长与组织人才培养的大师智慧	49.00